COLECCIÓN ESPIRITUAL

Ángeles protectores de niños
Consejos de la Biblia para ser feliz
Encuentros con ángeles
Las espigas del señor
Misión plenitud
No temas
Oración de la serenidad
Oraciones de la Biblia
Oraciones para sanar
El poder curativo de la Biblia
Refugio para el Alma
Santas y vírgenes
Un momento de paz
Valores eternos de la Biblia
Vidas y oraciones de los santos

COLECCIONES

Ejecutiva
Superación personal
Salud y belleza
Familia
Literatura infantil y juvenil
Con los pelos de punta
Pequeños valientes
¡Que la fuerza te acompañe!
Juegos y acertijos
Manualidades
Cultural
Espiritual
Medicina alternativa
Computación
Didáctica
New Age
Esoterismo
Humorismo
Interés general
Compendios de bolsillo
Aura
Cocina
Tecniciencia
VISUAL
Arkano
Extassy

Raymundo Dantec

VIDAS Y ORACIONES DE LOS SANTOS

Obra publicada anteriormente con
el título de *El libro de los santos*.

SELECTOR
actualidad editorial

Doctor Erazo 120   Tels.   588 72 72
Colonia Doctores   Fax: 761 57 16
México 06720, D.F.

VIDAS Y ORACIONES DE LOS SANTOS

Diseño de portada: Eduardo Chávez

ISBN: 970-643-200-0

Octava reimpresión. Octubre de 2008.

CONTENIDO

SANTOS

INTRODUCCIÓN

Todos los seres son hijos del Señor y es en la Tierra, día con día, obra tras obra como se llega a la morada de los cielos.

Dios, en su más infinita misericordia le dio al hombre la posibilidad de conocerse y reflexionar en sus actos, de intuir el resultado de sus acciones y aunado a este don, le dio también la Fe, única fuerza que aplicada a sí mismo hará de este lugar inóspito, un valle de esperanza, de luz, de amor.

Es en este camino de esperanza, de luz, de amor y llenos de Fe, como ellos entregaron su cuerpo y alma al Creador.

Los Santos son estas almas que con su bondad y ejemplo han mitigado el sufrimiento de miles y miles de seres caídos en desgracia para retornar al camino de la verdad y del arrepentimiento.

Oración a la
Santísima Cruz de los Milagros

Oh Cruz Santísima, más resplandeciente que todos los astros, y más Santa que los santos; para el mundo célebre, para los hombres amable, que sólo fuiste digna de contener en tu gremio todo el rescate del mundo; dulce leño, dulces clavos, dulces penas, que toleradas en ti por mi Señor Jesucristo fueron el remedio nuestro: salva a todos los cristianos que en este día repiten tus alabanzas.

SANTOS

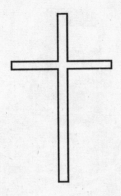

San Agustín

Festividad: 28 de agosto

Agustín fue un niño muy travieso que no provocaba más que la constante angustia de su madre, Santa Mónica. Ella empleó todas sus fuerzas para lograr que su alocado hijo se dejara guiar por la fe cristiana, sin alcanzar el éxito. Pero Santa Mónica estaba segura de que ese día llegaría y continuó sin permitir que el más mínimo desánimo asomara en su vida. Dios premió su paciencia y fortaleza el día en que tocó los sentidos de Agustín y lo llamó a la cordura. A partir de entonces, Agustín se convirtió al cristianismo y divulgó con gran fe la palabra de Nuestro Señor.

Es por ello que pensar en San Agustín inevitablemente nos lleva a nombrar a su madre, que con amor y paciencia lo llevó hasta el camino del amor espiritual. A ambos se dedica la siguiente oración: "Santa Mónica Divina, Madre de San Agustín, échame tu bendición, que ya me voy a dormir."

Testimonio de los milagros otorgados por San Agustín

El México de mediados del siglo XX parecía dirigirse hacia el desarrollo. Por todas partes podía verse a cientos de trabajadores abriendo caminos que comunicarían poblados y ciudades, lo que permitiría el intercambio cultural, pero sobre todo, el comercial. En plena serranía hacia el sur del país se realizaba una de estas obras modernizadoras. Se veía la brecha que el trabajo de muchos hombres ayudados por mulas, caballos y maquinaria pesada, había abierto. El sendero llegaba hasta el borde de una meseta, luego seguía un bosque empinado que impedía ver algunos metros más abajo la explanada en donde se ubicaba el campamento.

El ingeniero responsable de aquella misión habitaba en la región desde su nacimiento, sólo había salido de ahí para realizar sus estudios. Su deseo fue siempre regresar y llevar el progreso a su comunidad. Su casa se encontraba a dos días de camino de este lugar, mismo tiempo en que veía llegar a sus dos hijos mayores con la canasta de comida que su esposa le preparaba. Junto al alimento no faltaba la imagen de San Agustín que la mujer trataba de ocultar entre la tela y la canasta, pues ella conocía muy bien a sus hijos. Sabía que eran lo suficientemente atrabancados como para intentar alguna proeza, que les hiciera ganar la admiración del padre. Por lo general, el ingeniero regresaba la misma imagen con un "dile a tu madre que se deje de cuentos y ya no nos mande a sus santitos", recado que los hijos daban con sumo gusto a su madre. Aun así, ella no declinó en sus rezos ni en sus intenciones de hacer partícipes a sus hijos de su fervor.

Sucedió entonces que uno de esos días en que los hijos regresaban con su padre, éste se vio en la necesidad de ausentarse de su puesto de mando, por lo que pidió al mayor se quedara en su lugar. Le enseñó rápidamente, sin perder detalle del asunto, cómo debía despachar y recibir los materiales de construcción que le fueran solicitados. Le indicó cómo reconocer a los conocidos de los recién llegados y atender a cada uno. El muchacho, ansioso, sólo afirmaba con la cabeza deseoso de que su padre partiera y lo dejara al mando. Ya sabría él cómo solucionar cualquier conflicto, se repetía.

Confiado en regresar lo más pronto posible, el padre se marchó llevando consigo a su otro hijo. Agustín, como se llamaba el primogénito, ni tardo ni perezoso corrió hacia un gran camión de carga estacionado en la explanada. Subió y se dejó llevar por la fantasía. Fingió manejarlo a gran velocidad y maniobrando con destreza, pero no conforme con apretar los pedales y mover la palanca de velocidades, decidió encender el motor y dar una vuelta como había visto hacerlo a los choferes del campamento.

Corrió a la oficina a buscar la llave y emocionado por haberla encontrado regresó a proseguir su travesura. Lo dejó calentar como había visto lo hacían los operadores, metió clutch, accionó la palanca de velocidades, aflojó el pedal y sintió el lento avance de semejante monstruo. Con gran dificultad alcanzaba a rozar los pedales y controlar el volante, pero el entusiasmo de saber que el vehículo avanzaba lo animó a apretar con más fuerza el acelerador.

Camino hacia el campamento más próximo a donde debía recibir nuevas instrucciones el ingeniero Agustín Ramos recordó que había olvidado unos papeles muy importantes que debía entregar a su superior, por lo que giró sobre sí para desandar el camino. En el trayecto escuchaba a Juanito platicarle de la vida en casa y de la insistencia de su madre para que los hijos rezaran y la acompañaran a la iglesia, en eso estaban cuando les llamó la atención escuchar un gran alboroto a poca distancia. Corrieron por el bosque para enterarse que "alguien intentaba robar uno de los camiones." Su primer pensamiento fue para su hijo Agustín que quién sabe por lo que estaría pasando.

Un segundo después el camión pasó cerca de él y vio claramente que era su hijo quien se encontraba al volante. Miles de ideas pasaron por su mente, entre ellas, el hecho de que el chico nunca había manejado un vehículo. Y comenzó a rezar. Como no lograba recordar una oración completa pidió a Juanito que le dijera la oración de San Agustín, así lo hizo el chiquillo, a cada frase que él decía, su padre la repetía.

Agustín ya se encontraba aterrado, pues había perdido el control del camión y no atinaba a detenerlo, su miedo creció cuando frente a él apareció una empinada por la cual se precipitó el camión. El muchacho se aferró al volante cubriéndose la cara y en su pensamiento invocó a Santa Mónica y a San Agustín, tal como había oído hacerlo a su madre. Cuando creyó que el vehículo giraría sobre sí debido a tantos obstáculos sintió cómo de pronto se detuvo y columpiaba; había quedado atrapado en medio de dos enormes árboles, que le impidieron seguir.

Agustín logró salir ileso por una de las ventanas y con las piernas temblorosas reptó hasta donde su padre, hermano y demás trabajadores lo esperaban. Lo que esperaba era, por lo menos, un fuerte regaño bastante merecido, pero lo que recibió fue un fuerte abrazo y la recomendación por parte de su padre de que ahora en adelante no podía faltar a las recomendaciones de su madre. Entre ellas, debía acompañarla a la iglesia a dar gracias a Dios por su vida. Agustín no replicó, sabía que por siempre viviría agradecido a San Agustín y a Santa Mónica por el milagro concedido. Ambos le habían salvado la vida.

Oración para pedir el favor de San Agustín

"¡Tarde te amé. Hermosura tan antigua y
siempre nueva, tarde te amé!
Tú estabas dentro de mi alma y yo,
distraído, te buscaba fuera.
Y dejando la Hermosura interior, corría
tras las bellezas exteriores, que Tú habias creado.
¡Y estas hermosuras que, si no estuvieran
en Ti, nada serían,
me apartaban y me tenían alejado de Ti.
Pero me llamaste, y tales voces me diste,
que mi sordera cedió a tus gritos.
Me diste a gustar tus dulzuras, que han
excitado en mi espíritu, hambre y sed vivísimas,
y me encendió en deseos de abrazarte."

SAN AGUSTÍN, ✝
ruega por nosotros

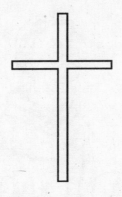

San Antonio

Festividad: 13 de junio

El nombre de bautismo de San Antonio de Padua fue el de Fernando. Nació en Portugal y llevó una vida sencilla y de amor hacia sus semejantes. A los 15 años se ordenó como canónigo de San Agustín, orden con la que se inició su vida religiosa, hizo sus votos y se ordenó sacerdote. Desde entonces se dedicó a predicar la palabra del Señor a través de distintos países hasta llegar a establecerse en el pueblo de Padua, Italia.

Su fama de orador, predicador, atravesó las fronteras, pues tenía el don de la palabra; sí, bastaba con que los hombres le escucharan predicar su fe por los Santos Evangelios para que se convirtieran a su fe.

En 1220 pasaron por su monasterio en Coimbra algunos franciscanos, que llevaban consigo las reliquias de sus primeros mártires, sacrificados en Marruecos. Fernando se horrorizó al conocer de tan sangrienta escena, por lo que pidió ser trasladado al norte de África para llevar a cabo con ferviente devoción su labor de misionero.

Pero al poco tiempo de llegar a este continente, cayó enfermo de gravedad por lo que se vio obligado a regresar a su patria. La nave que lo llevaba rumbo a Portugal fue sorprendida por una tormenta, ésta empujó a la embarcación hacia las costas de Sicilia, en donde el clima fue benigno para el padre Fernando ayudándole a recuperar la salud.

Al recibir el sayal de la orden de los franciscanos su nombre cambió por el de fray Antonio. Al recuperar del todo su salud viajó a Asís, donde fue destinado a vivir en el eremitorio de Montepaolo, cerca de Forlí. En ese lugar vivió en el retiro, dedicado a la contemplación y al estudio, hasta que un día, y sin previa preparación, predicó un sermón tan especial, que a partir de entonces, sus superiores lo destinaron a la predicación.

A partir de 1224 Antonio recorrió Italia y Francia provocando innumerables conversiones entre los pobladores. Otros predicadores le pidieron que pusiera por escrito sus sermones para provecho del pueblo, petición que se apresuró a cumplir, a pesar del esfuerzo físico que dicha labor le representaba. Es sabido que para no restarle tiempo a su labor de predicador, el fraile Antonio trabajaba hasta altas horas de la noche en esta obra.

"Antonio es el Arca del Viejo y Nuevo Testamento", fueron las palabras que el papa Gregorio IX pronunció cuando escuchó predicar al fraile Antonio. Éste fue elegido provincial de los franciscanos en Italia septentrional y llegó a trabajar tanto que en 1231, cuando apenas contaba con 36 años murió. Un año más tarde, Gregorio IX lo canonizó en vista de los continuos milagros que, después de su muerte, el Señor obraba por su intercesión. En 1946 el Papa Pío XII le concedió el título de doctor evangélico.

Los días 13 de junio de todos los años se celebra la fiesta de San Antonio. Se dice que si las solteras consiguen 13 monedas de la misma denominación y se las ofrecen al santo, consiguen esposo. También se le atribuye a San Antonio de Padua el milagro de encontrar con su gracia los objetos perdidos.

Testimonio de los milagros otorgados por San Antonio

María Eugenia fue la única hija de una mujer que envejeció postrada en una silla de ruedas. Su vida la consagró al cuidado de la anciana que falleció a los 75 años, cuando María Eugenia ya había cumplido 45, dejándola en la mayor de las soledades.

"Era terrible volver a casa, sabiendo que día a día sólo los muebles me esperaban y que sólo podría escuchar el eco de mi propia voz", recuerda María Eugenia. "A esa edad no tenía grandes esperanzas respecto a los hombres, casi todos estaban casados y tenían hijos; otros, sólo buscaban aventuras pasajeras entre mujeres mucho más jóvenes. ¿Yo?, me encontraba completamente sola".

Al ver mi desolación la dueña de la miscelánea que está en la esquina de mi casa, me recordó que San Antonio de Padua es el santo que responde a las peticiones de las devotas que le piden les consiga esposo. "No me vengas con cuentos", le reclamé. "El santo sólo escucha a las jóvenes, no a las mujeres maduras como yo." Pero en el fondo yo sabía que si se lo pedía con fe y devoción a través de mis rezos, él me escucharía y me pondría frente a mi futuro esposo.

"El milagro se produjo un mes después cuando conocí a Joaquín, un hombre viudo y sin hijos, quien había hecho una cita con mi jefe para venderle equipo de oficina. Salimos juntos durante seis meses, tiempo suficiente para comprender que éramos el uno para el otro. De esto hace ya dos años. ¿Que si nos casamos?, claro, y desde entonces no he dejado de agradecer a San Antonio su ayuda."

Oración para pedir el favor de San Antonio

Trece minutos a San Antonio

Trece minutos que estaré a tus pies, Padre mío San Antonio, para ofrecer mi invocación sentida ante tu imagen milagrosa, de quien tanto espero, pues bien se ve que tú tienes poderosas fuerzas divinas para llegar a Dios. Así lo revelan tus patentes milagros, Padre mío San Antonio, pues cuando acudimos a ti en horas de tribulaciones, siempre somos prontamente escuchadas.

Hoy que es un día tan grande llegarán a ti, miles de almas, que son tus fervientes devotos, a pedirte, porque sabemos que nos harás grandes concesiones, poniendo en primer turno a los más necesitados para que reciban tus favores. ¡Qué consolada me siento al entregarte mis penas!

Espero Santo mío me concedas la gracia que deseo y si me la concedes, te prometo contribuir con una limosna para tus niños pobres.

Tres grandes gracias te concedió el Señor: —que las cosas perdidas fueran aparecidas, las olvidadas recordadas y las propuestas aceptadas.— ¡Cuántos devotos llegarán a ti, diariamente a pedirte alguna de las tres, y tú jamás te niegas a concederlas! ¡Que llegue hoy a ti la mía que tan necesitada pone a tus pies ésta tu humilde devota!

Al final se rezarán tres Padres Nuestros, Ave María y Gloria.

Esta oración se hará todos los martes. ✝

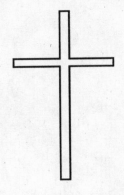

San Cayetano

Festividad: 7 de agosto

San Cayetano de Tiena, originario del pueblo de Vicencia, en Venecia, Italia, nació en el seno de una familia muy rica, pero a pesar de la vida de excesos con la que pudo crecer, San Cayetano vivió muy humildemente. Repartió todos sus bienes y como sacerdote vivió una vida ejemplar. Sus obras y milagros llegaron a nuestro país, sin que hasta la fecha se tenga la certeza de cómo sucedió esto.

San Cayetano tiene un modo muy singular de actuar. De él se dice que es el santo de las apuestas. No es que sea el santo patrón de los tahures, no. A San Cayetano de Tiena se le reta apostando con otro sujeto a que el santo no hace el milagro que se le solicita. Aquel que necesite se le conceda algo sumamente difícil, más allá de la capacidad física, material, económica o política del ser humano, apuesta algo por el santo.

Pero tiene que ser algo que le resulte atractivo a San Cayetano, él es muy exigente, tiene que ser algo así como buscarle fieles, lograr que el cura oficie una misa en honor del santo, alguna ofrenda espiritual o material. Toda petición y apuesta se avala con la fe, por lo tanto, no hay documentos

de por medio que comprometan jurídicamente a los
apostadores.

Testimonio de los milagros otorgados por San Cayetano

No podemos soslayar hechos que dan fe de
la bondad de San Cayetano de Tiena. Lo que a
continuación se narra ocurrió en plena Sierra
Madre Occidental cuando la única forma de
comunicarse era a pie o a caballo entre esas sendas
tan abruptas y estrechas. Era la época de los
interminables estallidos sociales. En una profunda
quebrada de la Sierra vivía una familia dedicada al
cuidado de algunas vaquillas de su propiedad y
al cultivo de las escasas legumbres que podían
crecer en esta áspera tierra.

La madre de esta familia rural sufrió una caída
que la postró a su cama y los remedios caseros no
lograron sacarla de los dolores profundos que sufría.
Hubo, pues, la necesidad de salir en busca de auxilio
a algún pueblo cercano. Pero cumplir con esta tarea
no sería cosa fácil: si los rebeldes revolucionarios
capturaban a un hombre, quien quiera que fuera, lo
obligaban a ser soldado de sus fuerzas; o lo hacían
espía y lo torturaban creyéndolo enemigo. En

cambio, si caía en manos del ejército, lo acusarían de espía, torturarían y terminaría colgado en algún árbol donde seguramente sería devorado por los zopilotes.

El otro problema al cual se tendrían que enfrentar si es que alguien lograba llegar al pueblo, era que hubiera un doctor dispuesto a arriesgar su vida para llegar a la casa de la mujer herida. Ella se agravaba cada vez más y era urgente que la atendieran.

Una de las mujeres de la casa se encerró en una de las habitaciones resuelta a encontrar la solución a tan grave contrariedad. Ahí permaneció el tiempo necesario para convenir los términos de la apuesta que entablaría con San Cayetano. Entonces salió convencida de que tendría que correrse el riesgo y salir de inmediato por el médico. Se designó al viajero que viajaría a caballo con sólo una daga para su protección.

Partió al oscurecer pero al amanecer cayó al suelo debido al golpe que le propinó un tipo andrajoso, que lo amenazaba con un rifle. "Levántate, cabrón. Camina de frente según yo te diga. yo iré en el caballo y si no das motivo, puedes llegar vivo con el jefe. ¡Andando", rugió su captor. Caminaron durante un largo trecho sin que el viajero se percatara de su destino.

Cuando por fin llegaron los recibió el comandante regional de los alzados diciendo: "A ver Genízaro, prepárate a este espía para que cante sin mucha pérdida de tiempo". Lo llevaron hasta un patibulario y sin mayor preámbulo comenzaron a azotarlo. Pero sucedió que uno de los cabos de la partida presente en la tortura reconoció al caminante y explicó a su jefe que se trataba de un pacífico trabajador del rancho que se encontraba en lo más profundo de la quebrada.

"Aquél en el que cualquiera es recibido con comida y cobija sin que se le pregunte nada ni se le delate ante el enemigo, mi comandante", comentó. También recordó el episodio aquel cuando ellos pasaron y el general quiso regalar a la dueña de aquello un buen rifle para una mejor caza y como arma para defenderse. Pero la mujer le aseguró que bien se daban abasto con su carabina 44 y su parque reformado, pues ellos mismos hacían las balas.

El cabo dio su palabra de que se trataba de buenas personas y pidió al prisionero que no mirara a ninguno pues si lo soltaban y después lo cogían los federales quedaría comprometido a callar o a mentir y sería torturado por no informar de la gente que vio. La situación del mensajero había cambiado. Entonces lo interrogaron sobre el motivo que lo llevaba a caminar por esos parajes en horas de la madrugada y él explicó lo sucedido.

El jefe rebelde dictó un mensaje para el jefe federal, que dio a un hombre armado con banderas blancas, y despachó al caminante. El vigía de las fuerzas federales dio aviso de la proximidad de dos sujetos que cabalgaban con una bandera blanca. El coronel de la tropa ordenó los condujeran frente a él. El mensajero rebelde se cuadró ante el oficial y presentó el oficio, que decía:

AL C. COMANDANTE EN JEFE ENEMIGO: Yo, su enemigo en esta contienda, pongo en sus manos al civil que tiene necesidad de buscar auxilio para su señora madre (de él). Mi recomendado es del rancho donde tanto su gente como la nuestra ahí hemos encontrado alojo y alimento, sin que ellos tomen parte ni pregunten nada. Acudo a su honor militar para que se le den las facilidades al recomendado, que no por eso vamos a dejar de ser útiles a nuestros semejantes que no tienen la culpa de que usted y yo estemos en campos opuestos.

Quedo a la recíproca en casos militares, pues, recalco que no por servir usted a ese gobierno que yo combato, deja usted de ser un militar guiado por los dictados del honor. Como caballero, a sus órdenes y como enemigo también.

El Comandante en Jefe Enemigo.

"Estoy en un lugar llamado el Pilón, se lo digo para que no vaya a darle tormento a mi parlamentario con la intención de que le informe dónde estamos".

El militar ordenó que una escolta de su ejército acompañara al civil en apuros y redactó una misiva a su enemigo en la que le informó de las facilidades otorgadas y retándolo a pelear de frente en cuanto se encontraran.

El caminante llegó a su destino, convenció a un médico de que lo acompañara y escoltados por hombres del ejército rebelde y del federal llegaron al lado de su madre. De regreso el médico no tuvo problemas y las escoltas regresaron a sus puestos. La madre de la familia sanó sus heridas y la hija devota vio cumplirse su apuesta con San Cayetano.

San Cayetano: a que te apuesto y te gano que...

Oración para pedir el favor de San Cayetano

¡Oh glorioso San Cayetano!
Aclamado por todas las naciones:
Padre de Providencia, porque con portentosos milagros socorres a cuantos te invocan con fe en sus necesidades.
Te suplico me obtengas del Señor oportuno socorro en las angustias presentes y sea ello en prueba de la bienaventuranza eterna.

Amén. ✝

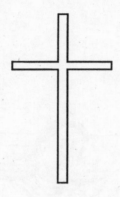

San Felipe
de Jesús

Festividad: 5 de febrero

Nació en el momento que los misioneros, al lado de los descubridores extendieron la fe por toda la tierra americana y, entonces, la Iglesia llega a ser completamente universal. Sus padres llegaron recién casados a la Nueva España y a los pocos meses de su arribo, nació Felipe, el primero de mayo de 1572.

Felipe de las Casas Martínez fue el mayor de una familia de once hermanos, de los cuales, dos más siguieron la vida religiosa. Por su padre estuvo emparentado con el notable monje evangelizador Fray Bartolomé de las Casas. Felipe estudió gramática en el colegio de San Pedro y San Pablo en la ciudad de México, y dirigido por los jesuitas, mostró interés por la artesanía en Plata. Por eso, cuando Felipe fue beatificado, el gremio de los plateros lo nombró su patrón.

A los veinte años Felipe se fue a Manila, la ciudad, que era como la avanzada española en la conquista del imperio de las especias. Los hijos de los mercaderes ricos, cuando emprendían un viaje tan largo, en aquellos tiempos, no lo hacían generalmente por motivos piadosos. Ni tampoco predominaba lo espiritual en el ambiente de aquella ciudad conquistada apenas en 1571. Sin embargo, en aquel mercado cosmopolita que vivía sobre todo del comercio con China, entre las transacciones agitadas y los planes militares de conquista, Felipe de las Casas sintió la vocación por la vida religiosa.

El mes en que cumplió veintiún años, ingresó a la Orden Franciscana en el convento de Santa María de los Angeles de Manila y profesó al año siguiente. Tres años después, el 12 de julio de 1596, al acercarse el tiempo de su ordenación, Felipe de Jesús partió en el galeón rumbo a México, pues en las Filipinas no había un obispo que pudiera ordenar. El viaje de las Filipinas a Nueva España era una aventura peligrosa que se podía prolongar hasta siete u ocho meses. En aquella ocasión la nave estuvo durante un mes a la deriva, arrojada por las tempestades de un lado a otro hasta que, destrozada y sin gobierno, fue a dar a las costas de Japón.

Los viajeros llegaban a un Japón en donde se habían despertado sospechas respecto a las verdaderas intenciones de los misioneros. Siguieron meses de incertidumbre, durante los cuales los náufragos ignoraban cuál sería su suerte. Fray Felipe de Jesús, después de recorrer los caminos de aquel país desconocido, se refugió en Meaco, donde los franciscanos tenían escuela y hospital. El 30 de diciembre todos los frailes fueron hechos prisioneros junto con un grupo de cristianos japoneses.

Comenzaba el martirio. El día 3 de enero les cortaron a todos la oreja izquierda. Luego emprendieron una penosa marcha que se prolongó durante un mes, en pleno invierno, a través de Japón, hasta Nagasaki.

En este lugar, el 5 de febrero, veintiséis cristianos fueron colgados de otras tantas cruces sobre una colina en las afueras de Nagasaki. Sus cuerpos fueron fijados mediante argollas de hierro tanto en cuello como en brazos y piernas para después ser atravesados por las lanzas. El primero fue fray Felipe de Jesús. Las argollas que debían sostenerle las piernas estaban mal sujetas, por lo que el cuerpo resbaló y quedó pendiente de la argolla que sujetaba su cuello, ésta comenzó a ahogarlo. Dos lanzadas en el pecho le abrieron la puerta del reino de los cielos.

Fue beatificado, junto con sus compañeros, el 14 de septiembre de 1627 y canonizado el 8 de julio de 1862.

Testimonio de los milagros otorgados por San Felipe de Jesús

Siempre fui devota de San Felipe de Jesús, a pesar de que nunca visité su santuario. Yo sabía que era milagroso y que cuidaba de todos sus devotos, por eso le encomendaba a mi familia todos los días.

El terrible 19 de septiembre de 1985 mi hijo, que en aquel entonces tenía 20 años tenía una cita en el hospital Juárez, para efectuarse un examen completo, antes de someterse a una cirugía de úlcera estomacal. Si no hubiese sido por aquel amigo de la infancia que encontró camino del hospital, Alberto habría estado en ese lugar a la hora del terremoto que terminó con ese edificio. Gracias a San Felipe de Jesús por su intercesión.

Oración para pedir el favor de San Felipe de Jesús

Santísima Trinidad; Padre, Hijo y Espíritu Santo, te doy gracias por las virtudes con que lo adornaste en esta vida y por la gloria que le diste en el cielo.

Ya que tanto lo glorificaste, concédeme, por su intercesión, la gracia que hoy te pido...

Y tú, mi abogado y protector, intercede por mí alcanzándome de la divina Misericordia la gracia que necesito.

Concédeme sobre todo que un día en tu compañía pueda alabar y dar gracias a Dios por toda la eternidad.

Amén. †

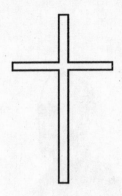

San Felipe Neri

Festividad: 26 de mayo

Nació el 21 de julio de 1515, en Florencia, Italia. En México se le venera en San Miguel Allende, Guanajuato. Felipe fue un niño agraciado y afectuoso, a tal grado que se ganó el nombre de "Felipe el bueno". Ni en su niñez ni siendo joven se le escuchó hablar del sacerdocio como su destino de vida, pero le agradaba visitar las capillas de la ciudad y sentarse en algún rincón a gozar de la paz de aquellos lugares.

Un día, cuando tenía 29 años y visitaba las catacumbas, vio una bola roja de fuego, que entró por su boca y llegó hasta su pecho. Felipe sintió un intenso calor y se arrojó al piso para refrescarse en las losas. Cuando se incorporó, sentía una enorme sensación de paz y alegría. A partir de aquel día, se dedicó a visitar a los enfermos en los hospitales, los alegraba, barría el hospital y ayudaba en cuanto podía.

Al detectar la pobreza que había en el mundo, se puso de acuerdo con el padre Persiano, su confesor, para fundar una cofradía de caridad. El aceptó y poco tiempo después consiguieron un edificio para albergar a peregrinos y enfermos, llamada "Cofradía de la Trinidad para Peregrinos y Convalecientes".

A instancias de su confesor, se ordenó sacerdote en San Tomaso in Parione y se fue a vivir a la iglesia de San Jerónimo de la Caridad.

Después a sus 55 años toda Roma lo consideraba un santo y lo veneraba. Fue amigo de Ignacio de Loyola, Carlos Borromeo y Camilo de Lelis, a todos ellos los conocemos ahora en el estado de santidad al que llegaron por sus buenas obras hacia los seres que los rodearon. El padre Felipe estableció la congregación del Oratorio, que hasta la fecha, tiene adeptos en todo el mundo, principalmente en la ciudad de San Miguel Allende. Murió a los 80 años.

Testimonio de los milagros otorgados por San Felipe Neri

Tengo un hijo de 18 años que es mi adoración. Es un adolescente estudioso, responsable y maduro, pero no siempre fue así. Cuando asistía a la secundaria, hace 3 años, se dejó influenciar por malas amistades, dedicándose a robar. Aunque nunca le faltó nada de lo indispensable para vivir, él consideraba que hurtar las pertenencias ajenas era un "pasatiempo" interesante al cual no estaba dispuesto a renunciar. Inútil fue que le hablara de lo mal que terminaría si continuaba con aquella conducta, Javier no me escuchaba.

Castigos y amenazas fueron en vano, el problema persistía. Finalmente se me ocurrió acudir con la enfermera del dispensario médico de la unidad habitacional en donde vivo, pues ya sabía que ella es devota de San Felipe Neri y que ha recibido múltiples favores de él. Me aconsejó que le rezara, encomendándole a mi hijo y yo me dispuse a seguir su consejo. Todos los días al despertar y antes de dormir recé con mucha esperanza a San Felipe Neri, le pedí que alejara a Javier del mal camino y me ayudara a hacer de él un hombre de provecho.

Tres semanas después, el milagro ocurrió. Mi hijo cayó en cama, con fiebres de origen desconocido. Cuando comencé a temer lo peor, llamé al médico, él me tranquilizó de inmediato, diciéndome, después de examinarlo, que se trataba de una simple infección. Le prescribió un tratamiento de siete días, después del cual, Javier recuperó la salud y regresó a la escuela.

Pero a partir de entonces su vida cambió completamente. Se volvió apático frente a los mismos "amigos" que ya antes lo habían invitado a cometer desmanes. Así sucedió hasta que dejó de encontrar atractiva la vida de delincuentes y se dedicó a estudiar seriamente. Yo sé que el cambio en la actitud de mi hijo se debió a que San Felipe Neri escuchó mis rezos.

Oración para pedir el favor de San Felipe Neri

¡Con qué confianza, con cuánta satisfacción vengo a tus pies, a implorar tu socorro y protección en todas mis necesidades!

¡Oh! Yo no desconfío que quieras oír mis ruegos porque sé que no te sabes negar al que con fe te hace una súplica. Tú que en el mundo probaste todas las amarguras de la vida, y que conoces bien las duras aflicciones del corazón humano, ¿te negarás cuando algún mortal, con la fe y el consuelo que inspira tu dulce nombre te invoca?

Yo no quiero que Tú hagas mi voluntad sino la de Dios, pues si lo que pido no es a su mayor honra y gloria y provecho de mi alma, nada quiero sino en todo tiempo tu amistad y protección.

Amén. ✝

San Francisco de Asís

Festividad: 4 de octubre

En la región de Asís, en la Italia de 1181 nació Francisco, hijo de un mercader rico, que se dedicaba al comercio de las telas. Acostumbrado a vivir con comodidad, disfrutando de los placeres y la gloria que el dinero le daban, a Francisco Bernardone, el padre de Francisco de Asís, no le importaba la gente que le rodeara, sino gastar en ropa lujosa, comer y beber al lado de sus amigos. Éstos vivían complacidos con el despilfarro de Bernardone, que con el solo hecho de insinuarle compañía, aceptaba tener fiesta durante varios días.

Este fue el ejemplo y la vida que Francisco de Asís llevó durante los primeros 25 años de su vida, hasta que partió hacia Apulia para combatir en la guerra que se desarrollaba en ese lugar. Un día tuvo que detenerse en Spoleto para descansar y pasar la noche, ahí escuchó una voz que le dijo que regresara a Asís y cambiara su conducta de desenfreno. A partir de ese momento, Francisco se refugió en la lectura de los Evangelios, que comenzó a interpretar y los tomó como fundamento de su nueva vida. Además, trató de seguir las enseñanzas y el ejemplo de Cristo Jesús, de ayuda y servicio con los seres que le rodeaban.

Francisco de Asís decía que se había casado con la Señora Pobreza y con frecuencia se le podía ver atender a los más pobres y necesitados; entre ellos a los leprosos, para quienes siempre tenía un abrazo y palabras de aliento. Francisco cambió su vida de lujo y placer por ásperas túnicas y andar descalzo. De esta forma marchaba predicando la alegría del corazón y la paz, mientras mendigaba de puerta en puerta por un poco de comida.

En 1209, junto con algunos de sus discípulos, Francisco de Asís formó un núcleo de hermanos menores, para continuar con su obra por la unión de los hombres con humildad. En 1212, Clara de Asís, quien posteriormente fuera santificada, siguió sus pasos y juntos fundaron la orden de las damas pobres.

Doce años después se estableció la tercera orden destinada a personas que deseaban vivir la vida religiosa, pero sin abandonar su hogar. Francisco viajó mucho e hizo el intento de ir con los sarracenos, hasta que lo logró en 1219, y con ellos pudo llegar a Tierra Santa. En 1221, la actitud de algunos de sus hermanos lo rebasó y se vio obligado a renunciar al gobierno de la orden que había fundado. Ellos querían estudiar teología y ser dueños de conventos que abarcaran grandes extensiones de tierra; las prédicas de Francisco estaban destinadas precisamente a renunciar a esos y muchos más lujos terrenales.

En septiembre de 1224, recibió las estigmatas, es

decir, se imprimieron en su cuerpo, en forma milagrosa, las llagas producto del calvario que vivió Jesucristo hasta su muerte en el monte Alvernio. Al caer la tarde del 3 de octubre de 1226, Francisco se tendió desnudo sobre la tierra en la Porciúnculus y cantando con esperanza acogió la llegada de la muerte.

Testimonio de los milagros otorgados por San Francisco de Asís

El hecho que vamos a testificar ocurrió en Asís, Italia; sí, se trata del mismo lugar donde nació San Francisco de Asís. Esta historia sucedió hace muchos años, pero impactó tanto a los pobladores de la región, que ha trascendido a lo largo del tiempo.

Se trataba de la interminable angustia con la que vivía una mujer a causa de su hijo de tan sólo 22 años. A su edad, el muchacho había sido incapaz de comprender que no podía continuar su vida con la desfachatez e irreverencia con la que él la había vivido hasta entonces, inmersa en el alcohol, los amigos, el juego y las mujeres. Sin rumbo fijo y sin importarse si quiera él mismo.

La preocupación de la madre no podía ser menor, pues no encontraba la manera de hacer cambiar la actitud desenfrenada de su hijo. Pero tampoco perdía la fe de que un día encontraría una respuesta a su atribulada situación. Así fue como sucedió que un día, creyendo que la vida de su hijo pronto llegaría a su fin, pues su condición física empezaba a deteriorarse con gran rapidez, la mujer encontró entre algunos papeles, la imagen del santo patrono de su pueblo: San Francisco de Asís. Así fue como supo de la vida que había llevado en su juventud, de su cambio hacia el camino de la fe, de la devoción que en él habían puesto muchos lugareños y de la forma milagrosa como habían sido satisfechas sus peticiones.

Con gran fervor y renovada esperanza, la madre rezó y pidió por el alma de su hijo descarriado, lo encomendó a Dios y dijo de todo corazón que San Francisco de Asís guiara los pasos del muchacho hacia la ruta que el santo había recorrido. Entonces sucedió que un día, al amanecer, llegó hasta la recámara de la mujer, el hijo sinceramente arrepentido de vivir con los vicios que le impidieron ver el fervor y cariño de su madre. Y le hizo saber que se encontraba deseoso de ingresar al monasterio de los franciscanos.

La señora no lograba salir de su asombro ni alcanzaba a comprender lo que sucedía. Incrédula le cuestionó si se burlaba de ella, pero su hijo le contó que había tenido un sueño en donde Dios le ordenaba dejar la vida llena de frivolidad que llevaba para cambiar a otra en donde predominaran las buenas obras y el amor en Cristo Jesús. En su camino le acompañaría un hombre vestido con una túnica áspera y descalzo que le extendía su brazo junto con una sonrisa.

Relato que cuenta de la fe de San Francisco de Asís hacia con los seres que vivían cerca de él

Supo Francisco de Asís que los pueblos de la región cercana a Asís vivían constantemente aterrorizados por un lobo que mataba sin piedad tanto a animales como a los hombres que quisieron matarlo para evitar mayores desdichas.

Desoyendo las voces que le pedían no arriesgar su vida en la búsqueda de tan feroz animal, Francisco subió al monte donde se escondía la fiera y habló con el lobo. Le explicó del daño innecesario que estaba ocasionando entre la comunidad y lo convenció de acompañarlo para que conociera la bondad de la gente a la que estaba lastimando.

Así fue como Francisco llegó con un lobo manso, que en nada se parecía a la fiera carnicera que atentó contra la vida de los moradores de la región. Pero sucedió que Francisco viajó por algunos días, dejando al lobo bajo el cuidado de la gente. Ésta le dio de comer y le prodigó cuidados, pero a pesar de ello, el lobo pudo percatarse de la parte maligna que esconde el corazón de las personas y decidió regresar a su mundo inhumano, donde el instinto sanguinario era su guía.

Cuando Francisco supo de su partida salió en busca del lobo, pero al encontrarlo y escuchar el desánimo con el que el animal se refería a los sentimientos que predominaban en algunas personas como la envidia, la lujuria y la ira, no pudo más que quedarse callado. De ninguna manera pudo convencer al lobo de que abandonara una vida sanguinaria, si, al parecer, le ofrecía vivir otra parecida entre los humanos.

Oración para pedir el favor de San Francisco de Asís

Señor, haz de mí conducto de tu paz
para que allí donde haya odio, pueda llevar amor
para que donde haya mal, pueda llevar el espíritu del perdón
para que donde haya discordia, pueda llevar la armonía
para que donde haya error, pueda llevar la verdad

para que donde haya la duda, pueda llevar la fe
para que donde haya desconsuelo, pueda llevar
la esperanza
para que donde haya tinieblas, pueda llevar la
luz
para que donde haya tristeza, pueda llevar
alegría.
Señor, concédeme que yo pueda consolar y no
ser consolado,
comprender y no ser comprendido,
amar y no ser amado.
Porque para encontrarse hay que olvidarse de
sí mismo.
Perdonando seremos perdonados.
Al morir es cuando despertamos a la Vida
Eterna.

Amén. †

San Jorge

Festividad: 23 de abril

San Jorge, el Grande, fue príncipe de Capadocia, Turquía, hacia finales del siglo III y principio del IV. Desde 1349 fue el santo patrono de Inglaterra y también patrón de Rusia, Portugal, Cataluña y de Génova cuando ésta fue república. La leyenda dice que venció al dragón que quería devorar a la princesa Gleodolinda. Con todo y esos méritos murió mártir.

"San Jorge bendito amarra tus animalitos con tu cordoncito bendito", enseñaban las mamás a sus hijitos allá por las montañas agrestes donde vivían en chozas aisladas frente al constante peligro que implicaba vivir rodeados de ponzoñosas víboras, vinagrones, diferentes especies de arácnidos y, sobre todo, infestados de ponzoñosos alacranes, que por cierto, los hombres de ciencia han establecido que estos peligrosos animales lo son debido a que el suelo donde viven contiene arsénico, el cual envenena la sangre de quien lo ingiere.

Testimonio de los milagros otorgados por San Jorge, el Grande

El caso que aquí nos incumbe es el de una mujer, madre de dos pequeños que realizando las labores del hogar sintió un doloroso piquete en la mano. Ella sabía que en todo momento debían estar al pendiente de no ver su casa inundada de los bichos que abundaban en su tierra, pero por lo visto, alguno había logrado penetrar las barreras. Dolorida como estaba llamó a su esposo para que la auxiliara, pues el caso era de peligro.

Éste, presuroso se dio a la tarea de buscar la causa de tan fuerte dolor, todavía con la esperanza de que no se tratara de un alacrán, pero sí lo encontró aunque, yacía muerto en un rincón. De inmediato corrió con su mujer hacia el centro antialacránico local, en donde los esposos esperaron ansiosos a que ella comenzara a sentir los letales efectos para que se le pudiera aplicar el antídoto.

Conforme pasaba el tiempo, el matrimonio se mantuvo con las manos entrelazadas pidiendo a San Jorge, el Grande que no desamparara a sus hijos, pues necesitaban de una madre y un pequeño ser en camino imploraba por venir al mundo. Cuando llegó el momento de aplicar el antídoto ambos repitieron al unísono "San Jorge el Grande bendito, apiádate de tus hijos." Con el pensamiento puesto en santo la señora durmió hasta que el dolor cedió por completo y llegó el momento de regresar a casa.

La explicación que los médicos dieron fue que el animal había muerto a consecuencia de ciertas toxinas que las embarazadas poseen y que resultan mortales para dichos animales. Pero el matrimonio bien sabe que fue gracias a San Jorge que la curación se dio.

Oración para pedir el favor de San Jorge, el Grande

Defiéndenos en la lucha; sé nuestro amparo contra la perversidad y las asechanzas del demonio.
Que Dios manifieste sobre él su poder, es nuestra humilde súplica.

Amén. ✝

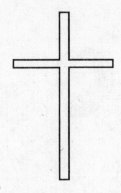

San José

Festividad: 19 de marzo

Según el Martirologio Romano, el 19 de marzo es la festividad del "nacimiento (para el cielo) de San José, esposo de la Santísima Virgen María y confesor, a quien el Sumo Pontífice Pío IX, conforme a los deseos y oraciones de todo el mundo católico, proclamó patrono de la Iglesia Universal." La historia de su vida no ha sido escrita por los hombres, pero sus acciones principales las relata el mismo Espíritu Santo por medio de los evangelistas inspirados. Lo que de él se dice en los Evangelios es tan conocido que no necesita comentario. San José era de ascendencia real y su genealogía nos la dan tanto San Mateo como San Lucas. Fue el custodio del buen nombre de Nuestra Señora y con ese motivo, necesariamente confidente de los secretos celestiales.

Fue el padre adoptivo de Jesús, el encargado de guiar y sostener a la Sagrada Familia y el responsable, en cierto sentido, de la educación de aquel que siendo Dios, se complacía en llamarse "hijo del hombre." Fue el oficio de José el que Jesús aprendió. Fue José a quien la misma Santísima Virgen pareció investir con los plenos derechos paternales, cuando dijo sin restricción alguna: "Tu padre y yo, apenados, te buscábamos." No es de admirar que el evangelista hiciera suya esta frase y nos diga, refiriéndose a los incidentes ocurridos durante la presentación del Niño en el Templo, que "Su padre y su madre estaban maravillados de las cosas que se decían de Él."

Podemos suponer que se desposó con María, su prometida, de acuerdo con las ceremonias prescritas por el ritual judío, aunque no se conoce claramente la naturaleza de este ceremonial, especialmente tratándose de gente humilde como José y María. Esto se comprueba por el hecho de que durante la purificación de María en el templo, sólo pudieron hacer ofrenda de dos tórtolas.

Relatan los Evangelios que después de la Anunciación, cuando el embarazo de María entristeció a su esposo, sus temores fueron disipados por una visión angélica; cuando recibió otros avisos del mismo ángel, primero para que buscara refugio en Egipto y después, para que regresara a Palestina. También de que estuvo presente en Belén cuando Nuestro Señor fue recostado en el pesebre y cuando los pastores acudieron a adorarle; además de acompañar a María cuando ésta puso al Niño en brazos del Santo Simeón y, finalmente, cuando compartió el dolor de su esposa por la pérdida de su hijo en Jerusalén y su gozo cuando lo encontraron discutiendo con los doctores del Templo. El elogio que de él hace la

Sagrada Escritura es que "fue un varón justo."

La historia de José, el carpintero, es una narración muy completa de la última enfermedad de éste, de su temor a los juicios de Dios, de sus autorreproches y de los esfuerzos que hicieron Nuestro Señor y su Madre para consolarlo y facilitarle su paso a la otra vida, así como de las promesas que hizo Jesús de proteger, en la vida y en la muerte, a los que hagan el bien en nombre de Jesús.

A partir de 1498, la devoción por San José se extiende rápidamente por todo el occidente y resulta indudable que el celo y el entusiasmo desplegados por la gran Santa Teresa en la causa de San José produjeron una honda impresión en la Iglesia. En 1621, el Papa Gregorio XV declaró la celebración de San José fiesta de precepto y, aunque después se anuló esta obligación, no sucedió lo mismo con el fervor y la confianza de sus innumerables devotos. Testimonio elocuente de este hecho es el gran número de iglesias dedicadas en su honor y las muchas congregaciones religiosas, tanto de hombres como de mujeres, que llevan su nombre.

Testimonio de los milagros otorgados por San José

Tengo una sola hija de 38 años. Hace 5, le salió una "bolita" en el seno izquierdo. Consultamos al médico, quien después de examinarla, ordenó que se le practicara una biopsia. Cuando nos dijo que tenía cáncer sentí que el piso se abría bajo mis pies. El médico nos dijo que si le extirpaba el seno, podría salvarse, pero no nos prometió nada. Mi hija dio su autorización para que la operaran y programaron su cirugía para un mes después.

En ese tiempo, recibimos la visita de mi comadre Toña, a quien le comenté la pena que nos embargaba. Apenas terminé de hablar me dijo: "No seas tonta, ¿Por qué no le pides al Señor San José que te la cure? ¡De veras, no tienes idea de lo milagroso que es!"

No lo pensé dos veces. Al día siguiente fuimos a visitarlo. Esa tarde, oramos fervorosamente por su curación y en casa continuamos nuestros rezos.

El médico que atendía a mi hija nos citó en su consultorio un día antes de la fecha programada para la cirugía, a fin de valorarla. Cuando terminó de examinarla se volvió sorprendido hacia mí y exclamó: "¡No está!" "El tumor ha desaparecido."

Volvió a hacer pruebas para encontrar el tumor y todas resultaron negativas. "No puede ser", decía.

"Esta mujer tenía cáncer en el seno y ahora no hay nada." Él nunca supo cómo fue que mi hija se curó, pero nosotras lo sabemos perfectamente. Desde entonces ella y yo somos devotas de San José.

Oración para pedir el favor de San José

Ya estoy a los pies del gloriosísimo José; ya estoy postrado ante ese felicísimo Patriarca ¿qué podría temer ahora, teniéndole por abogado? Vengan las aflicciones, la orfandad, la enfermedad, la miseria, cuanto fuere del agrado de Dios, que resignado me comportaré en medio de los mayores infortunios, porque José es mi refugio. De las maquinaciones de mi enemigo para perderme, de la lengua viperina del que injustamente me persiga, del ladrón que me tienda el lazo para que caiga, del asesino que levanta el brazo para herirme, del aire corrupto, de la peste, me salvará tu poderosa mano, porque tú eres mi Protector, porque has abierto los brazos para recibirme y salvarme; porque vas a hacer de mí un hombre nuevo, porque vas a ser mi guía en el camino de las virtudes, y porque en fin, rogarás a Dios por mí. Amén. †

San José
de Basis

Festividad: 10 de octubre

Cuenta la tradición local que un humilde hombre con un niño en brazos y una vara con flores se apareció a una familia campesina muy pobre que vivía en un poblado del estado de Durango. Ésta le propuso trasladarlo a la iglesia más próxima que encontraran, pero el santo no lo permitió, cada vez que el humilde matrimonio intentaba mover su imagen, San José se ponía tan pesado que era imposible moverlo. Buscaron a un cura y le contaron la historia de su aparición, él estuvo de acuerdo en que lo mejor era trasladarlo a un templo para que el santo pudiera estar en la casa del Señor, pero sus esfuerzos también fueron en vano, San José de Basis ya había dispuesto que su templo debía construirse ahí en ese mismo lugar donde se encuentra actualmente.

Testimonio de los milagros otorgados por San José de Basis

En el ocaso del día, en un pueblo dedicado a la extracción de minerales, los hombres que se internaban en las profundidades de la tierra, barreteros, rezagadores y aprendices aún entraban y salían con bastante frecuencia a las entrañas de la mina. Su camino era el bordo estrecho de un viejo tiro es decir, un profundo agujero vertical que alcanzaba varios cientos de metros de profundidad. Los hombres que ahí trabajaban lo habían hecho desde hacía ya muchos años, tantos como los que sumaban su vida.

En tanto tiempo habían aprendido a descifrar los misterios que la mina escondía, confiaban en ella y estaban seguros de que sus trampas sólo eran juegos de niños para que no se durmieran y estuvieran alertas frente a cada resbalón. Sabían que el lugar era peligroso, pero también confiaban en la buena voluntad de la tierra pues ésta les respondía a través de su propio eco y juntos reían cuando sus propias voces repetían un asustado "San José Bendito, no pasó nada."

Le tenían confianza y la respetaban; pero no por ello dejaban de poner atención a cada piedra que rebotada encima o debajo de ellos. Ese día el "San José Bendito", se repitió entrecortado, en un grito más fuerte que los demás, le acompañaron los ecos de un golpe seco que rebotaba con fuerza. Los hombres miraron hacia abajo buscando la luz que había de guiarlos a todos. Todo era oscuridad y la consternación llenó el lugar. Rápido, el aviso a la cuadrilla de salvamento; con gran velocidad y cuidado a bajar en la búsqueda de un cuerpo; con profunda tristeza pensar que la acción y el silencio que le procede se han repetido innumerables ocasiones.

Rápidamente se pusieron en acción sin esperanza de rescatar el cuerpo, menos encontrarlo con vida. El pozo abandonado hacía años, estaba inundado lo que hacía más difícil rescatar los restos del cadáver ya que no se había oído chapalear el agua, seguramente que por lo profundo el ruido no hubiera llegado al nivel de donde cayó el infortunado. Se resistían a dar la funesta noticia a los deudos; pero compungidos tuvieron que hacerlo. El personal de salvamento y trabajadores recorrían niveles que cortaban el tiro con el oído atento a algún ruido que diera indicio de vida. Sólo silencio; nada de ruido excepto el que hacían los buscadores en movimiento. Silencio casi tangible, entre ominoso y misterioso, distinto al de la noche en el bosque, donde el ruido es vida aunque sea amenaza; en la mina si acaso, espectros de los que han muerto trágicamente.

El aviso a la familia, que abrazados a la muchedumbre esperan con expectación la misma noticia. Sin embargo, la esperanza está viva y se contagian entre sí los rezos que solicitan insistentes la misericordia de San José de Basis, el santo minero que los ha acompañado desde siempre, tanto en los días de felicidad como en los de desgracia. A él le piden que el luto no envuelva el hogar.

Mientras a la entrada de la mina, los ruidos de la noche se mezclan con los murmullos de la desolación. En las profundidades de la tierra el silencio y la oscuridad parecen enterrar las esperanzas. Gritos aislados pretenden dar vida a quien parece muerto, hasta que la confusión permite escuchar un leve quejido. Se hace necesario bajar aún más, con las precauciones debidas un hombre se encomienda a San José de Basis, su santo patrono, para que le ayude a evitar una caída. Conforme baja su corazón se acelera y de su voz salen sonidos cada vez más fuertes, como si con ello quisiera que alcancen a llegar hasta la superficie.

Un "¡órale, sácame de aquí que me estoy cansando!", lo saca de concentración y le arranca una breve carcajada. "Deja de reírte, que esto no es una gracia", provoca que sus movimientos se aceleren. El hombre sujeto a una soga está contento de haber encontrado con vida y al parecer sin heridas graves a su compañero. Éste, ante su propia sorpresa, sólo alcanza a refunfuñar, se encuentra sujeto en una vieja escalera hecha de pedazos de madera y fierro; al parecer "alguien" la olvidó ahí hace tantos años que nadie sabía de su existencia. A pesar del tiempo, la escalera estaba intacta y fuerte, tanto, que fue capaz de soportar el impacto de una caída y sostener el cuerpo de este hombre.

Cuando ambos hombres llegaron a la superficie abrazados, la gente que se había congregado emitió un suspiro de alivio. Las familias de los dos corrieron a encontrarse con ellos y a cerciorarse de que no se hubiesen roto los huesos. Después de la algarabía el pueblo entero de Basis se reunió en la iglesia para agradecer a San José su protección.

Oración para pedir el favor de San José de Basis

Oh Padre y Maestro de la juventud, que tanto trabajaste por la salvación de las almas, sé nuestro guía en buscar el bien de nuestras almas y la salvación del prójimo; ayúdanos a vencer las pasiones y el respeto humano, enséñanos a amar a Jesús Sacramentado, a María Auxiliadora y al Papa; alcánzanos de Dios una buena muerte para que podamos reunirnos en el paraíso.

Amén. ✝

San Judas Tadeo

Festividad: 28 de octubre

San Agustín

San Antonio

San Cayetano

San Felipe de Jesus

San Felipe Neri

San Jorge

San Francisco de Asís

San José

San José
de Basis

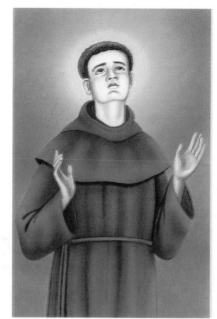

San Judas Tadeo

San Marcos

San Martín de Porres

San Miguel Arcángel

San Nicolás de Tolentino

San Pafnucio Abad

San Ramón Nonato

Santo Niño de Atocha

Santo Niño de las Suertes

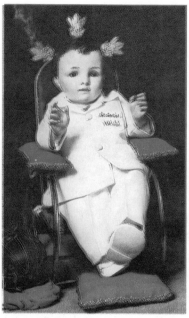

Santo Niño de la Salud

Los Santos Inocentes

Jesús tenía dos primos hermanos, hijos de Alfeo, hermano de José y de María Cleofas, prima hermana de María. Santiago y Judas Tadeo eran discípulos de Jesús. Santiago era muy seguro de sí mismo y creía que sus consejos eran de gran valía para Jesús; el Maestro lo escuchaba con atención, pero callaba y sonreía. Contrario a Santiago, su otro primo, Judas Tadeo era silencioso y observaba detenidamente a Jesús y quien todavía no alcanzaba a comprender completamente el objetivo de sus enseñanzas.

El Maestro envió a Judas Tadeo y a Mateo a Galilea, con la misión de curar a los enfermos, echar fuera a los demonios y predicar el reino de los Cielos; pero ellos se dirigieron a Belén, porque Mateo estaba decidido a reunir datos sobre la vida de Jesús. En una posada de esa ciudad averiguó todo acerca de su nacimiento, después de lo cual se dirigieron al pesebre en el que había nacido. Mateo y Judas pensaron que ese lugar era inapropiado para el nacimiento de un hijo del rey David, pero sabían que había venido al mundo a predicar la humildad. Después, Judas y Mateo se instalaron en una gruta cercana al Jordán para predicar el arrepentimiento, arrojar a los demonios y curar a los enfermos. Aún así no alcanzaban a entender cómo era posible que ese hombre de nombre Jesús fuera el Mesías.

El día de su entrada al Templo de Jerusalén, Judas Tadeo estaba convencido de que Jesús era el Mesías. Se sentía feliz porque la multitud aclamaba a su primo, agitando ramas de higuera, pero su ánimo decayó cuando miró a Jesús callado y con lágrimas en los ojos. Más tarde Jesús eliminaría sus dudas diciéndole: "Ten confianza, hermano mío. No tengas miedo. Soy yo." Estas palabras liberaron el alma de Tadeo, quien prometió a Jesús ofrendar su vida por él.

Jesús le respondió: "Sé que morirías por mí, pero en vez de eso darás testimonio de mi nombre en Galilea. Llevarás en tu pecho la imagen de mi rostro. Curarás a los enfermos, echarás fuera a los demonios y las fieras no podrán contra ti. Algún día morirás por mi nombre, no queriendo adorar dioses ajenos, pero yo te prometo que después de tu muerte serás venerado en todos los rincones de la tierra, tu nombre será invocado y por tu intercesión delante de mí y mi Padre se realizarán grandes milagros. Serás el abogado de las causas imposibles y de los desesperados."

Después de la muerte y resurrección de Jesús, Judas Tadeo recorrió las ciudades de Jope, Cesarea, Tiro, Sidón, Damasco y Palmira. Atravesó Siria hasta llegar al río Éufrates hasta llegar a Osroene (este reino existió hasta el siglo III de nuestra era; luego Persia y el Imperio Romano se lo repartieron entre sí. Actualmente, abarca el territorio de Turquía). En ese reino aún se adoraba a dioses paganos, como Bel, a quien consideraban el creador del universo.

No obstante, nada detuvo a Judas Tadeo que se había comprometido a llevar la palabra de Dios a aquellos lugares. Al principio no fue escuchado, pero su labor alcanzó los frutos esperados después de tres años de enseñanza. De ahí Judas Tadeo decidió llevar la palabra de Nuestro Señor Jesucristo a Adiabene y partió junto con Simón. El día que llegaron se celebraba una ceremonia en honor a los dioses paganos del Sol y la Luna. El pueblo sacrificó animales para que sus dioses llevaran la lluvia a sus tierras áridas.

Cuando Judas Tadeo y Simón ingresaron a ese templo, fueron arrestados y llevados ante Zaroes, jefe de los sacerdotes. La chusma pidió que ambos cristianos fueran sacrificados. En ese momento sobrevino un terremoto que terminó con los ídolos del templo. Esto enfadó tanto a los sacerdotes y al pueblo que asesinaron a garrotazos a los cristianos.

Testimonio de los milagros otorgados por San Judas Tadeo

Desde que falleció el hermano mayor de mi esposo, éste se dedicó a beber día tras día. Cuando su jefe se percató de lo que le sucedía a Pablo, intentó hacerlo reflexionar sobre lo que estaba haciendo de su vida. Llevaba seis años trabajando en esa oficina y se había ganado el aprecio de cuantos lo conocían. Pablo fingió atender el consejo de su jefe, pero era tanto su dolor por la pérdida que había sufrido que continuó bebiendo.

La segunda vez que su jefe habló con él, ya le estaba advirtiendo de las consecuencias de su abandono, y fue hecha en un tono más duro. También fue inútil. Yo vivía en el miedo constante de que Pablo perdiera su trabajo. Y en el momento de mayor desesperación recordé a San Judas Tadeo, pensé que seguramente él que era el patrón de causas perdidas y casos desesperados, me haría el milagro de devolverle la cordura a Pablo.

Fui a una tienda de artículos religiosos y compré la novena, rezándole fervorosamente todos los días. Una semana después de haber concluido mis oraciones sucedió lo inusitado. Pablo comenzó a vomitar sin parar. El médico le diagnosticó gastritis y le prohibió consumir irritantes, entre ellos, por supuesto, el alcohol. Como es de suponer, Pablo no hizo caso y pretendió continuar con sus hábitos, sólo que en esta ocasión en cuanto el licor llegaba a su estómago le producía episodios incontenibles de vómito. Con esto, mi esposo desarrolló una aversión al licor, hasta abandonarlo por completo.

Los médicos que lo examinaron estaban perplejos. Su problema estomacal no era tan severo como para producirle tales reacciones. Lo más desconcertante era que Pablo toleraba muy bien irritantes como el café y las salsas picantes. Todos estaban muy sorprendidos y buscaban explicaciones a lo que sucedía, en cambio, sólo yo sabía qué estaba sucediendo: era un milagro del buen San Judas Tadeo.

Novena a San Judas Tadeo

En el nombre del Padre y del Hijo y del Espíritu Santo. Amén.

Introducción:

Confiados en que el Padre oirá todas las oraciones ofrecidas en el nombre de Cristo, unámonos ahora en oración al apóstol San Judas Tadeo, quien goza en los cielos del triunfo de la muerte y resurrección de Cristo. Unidos a las oraciones de alabanza y petición de San Judas a Dios y a las de toda la Iglesia triunfante, recemos estas oraciones.

Ofrecimiento:

A ti, Señor Jesucristo, ofrecemos hoy nuestras oraciones. Reconocemos la especial amistad que tu apóstol San Judas Tadeo tiene contigo, a su amor y amistad contigo unamos nuestras oraciones. Alabamos y damos gracias a Dios por tu suprema amistad y amor a la humanidad. Unimos nuestras oraciones íntimamente con tu generosa muerte en la Cruz. A este acto constante de alabanza a Dios, a través del cual todos los hombres se hacen gratos al Padre, pedimos sean unidas nuestras oraciones. Las unimos hoy al sacrificio eucarístico que perpetua el sacrificio de tu muerte y de tu resurrección gloriosa, y expresa perfectamente el cumplimiento de nuestra unión final a ti. Está presente con nosotros hoy y todos los días de nuestra vida, intensifica nuestro amor a Dios y a nuestro prójimo. Haz que estas gracias y favores por los cuales oramos, nos sean concedidos a través de ti, que vives y reinas con el Padre, en unidad del Espíritu Santo, Dios por los siglos de los siglos.

Amén. †

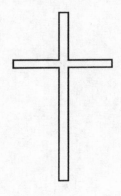

San Marcos

Festividad: 25 de abril

San Marcos fue el autor del segundo Evangelio. Marcos era pariente de San Bernabé, el cual era un levita chipriota. Cuando Pablo y Bernabé regresaron a Antioquía después de haber llevado a Jerusalén las limosnas para dicha Iglesia, trajeron consigo a Marcos, quien los ayudó en el ministerio apostólico en la misión de Salamina, en Chipre; pero Marcos no les acompañó a Perga de Panfilia a donde se dirigieron, sino que regresó a Jerusalén.

Debido a lo que consideró una deserción, San Pablo creyó ver cierta inestabilidad en el carácter de Marcos, por lo que se opuso a Bernabé quien quería que Marcos los acompañase a visitar las iglesias de Cilicia y el resto de Asia Menor. Bernabé prefirió separarse de Pablo y con Marcos se fue a Chipre. Sin embargo, cuando San Pablo se hallaba en su primer cautiverio en Roma, Marcos estuvo con él y lo ayudó. Durante su segundo cautiverio, poco antes de su martirio, el Apóstol escribió a Timoteo, quien se hallaba entonces en Efeso: "Toma contigo a Marcos, pues me ha ayudado en el ministerio." La tradición sostiene que San Marcos mantuvo una estrecha relación con San Pedro y éste al referirse a él lo hacía como "mi hijo Marcos." San Marcos tenía una deformidad en el cuerpo que él mismo se provocó para no ser ordenado sacerdote, pues se juzgaba indigno de ello. Vivió en Alejandría y fue obispo de esa ciudad hasta su muerte.

Existe otra historia acerca de San Marcos que en algunos detalles se parece a la anterior, a saber: San Marcos, el Evangelista, nació en Alejandría, fue discípulo e intérprete de San Pedro Apóstol. Fue enviado a Roma por los hermanos; ahí escribió su Evangelio y después pasó a Egipto. Fue el primer predicador de Cristo en Alejandría, donde fundó una Iglesia. Más tarde fue hecho prisionero por la fe, atado con cuerdas y arrastrado sobre las piedras. Un ángel fue a confortarle en la prisión y, finalmente, después de que el mismo Cristo se le había aparecido, fue llamado a recibir el premio celestial, en el octavo año del reinado de Nerón.

Venecia venera a San Marcos como patrón desde tiempo inmemorial. El león, símbolo de San Marcos, es muy antiguo. San Agustín y San Jerónimo hacen notar que el Evangelio de San Marcos empieza hablando del desierto y que el león es el rey del desierto. No debe perderse de vista que el Martirologio Romano dice que "En Biblos de Fenicia, San Marcos, obispo, a quien San Lucas llama también Juan, era hijo de la bienaventurada María."

Oración para pedir el favor de San Marcos

Gloriosísimo, morador bendito de la ciudad santa de Jerusalén; te negaste enteramente a sus inclinaciones y apetitos, y dejando burlados sus conatos, supiste hermosear tu alma con bellezas mejores de la gracia, dichoso tú, mil veces, que te hiciste agradable a los ojos de Dios.

Te suplico le digas a nuestro Señor que estoy bajo tu protección y que no alego otra cosa que la Sangre de su Santísimo Hijo derramada por mí.

Amén. ✝

San Martín
de Porres

Festividad: 3 de noviembre

Era el año de 1579 cuando la negra peruana Ana Vázquez dio a luz al pequeño a quien llamarían Martín en la ciudad de Lima, Perú. El padre del niño fue Juan de Porres, un noble español que, como sucedía constantemente en esa época llena de atribulaciones, no lo reconoció como su hijo legítimo. Sin embargo, nunca dejó de mirar por él y darle sustento.

Martín creció siendo un niño que siempre se preocupaba por los demás. En muchas ocasiones su madre lo sorprendía al regresar con menos de la mitad de los víveres que le encargaba comprar para su alimentación. No era porque Martín gastara el dinero en otras cosas o lo perdiera, pues Martín compraba todo. Lo que en realidad sucedía era que el pequeño siempre encontraba en su camino a alguien que necesitaba comer, sin pensarlo ni preocuparse por los regaños de su madre, él regalaba lo que tenía a mano.

Por años, Ana Vázquez siguió reprendiendo a su hijo sin lograr que al crecer, éste cambiara su actitud. Siendo un joven, Martín aprendía el oficio de barbero-cirujano con un amigo de la familia. Fue tal su habilidad para curar a los enfermos que aprendió más pronto de lo que se había planeado, y lo hacía tan rápido y con gran dedicación, que todo aquel enfermo que llegaba pedía ser atendido por Martín.

Su vocación de servicio hacia los más desprotegidos, lo llevó a ingresar con la orden de los Dominicos de Lima, quienes lo recibieron en calidad de terciario y dejaron a su cargo la enfermería del convento para curar enfermos y a mantener la fe y el amor en Cristo Jesús entre la comunidad de los desamparados, dedicó Martín su vida.

Otro encargo que el dominico desempeñó con gran abnegación en el convento fue el de barrendero, a ello se debe el apelativo de Fray escoba con el que aun en nuestros días se le reconoce. Con gran dedicación se dedicó a quitar el polvo de los pisos del convento y no pocos fueron quienes lo escucharon platicar con los ratones del lugar a los que también alimentaba. Martín murió en santidad el 3 de noviembre de 1639.

Testimonio de los milagros otorgados por San Martín de Porres

Después de su muerte, Fray Escoba siguió ayudando a sus fieles. Muchos han sido los milagros atribuidos a la presencia de San Martín de Porres, pero uno de los que más han llamado la atención es el que a continuación relataremos:

Una mujer negra había sido embarazada por un caballero español, ella lo que menos deseaba era que su hijo también fuera negro como ella, pues sabía que de ser así el pequeño sufriría mucho, tal como sucedía con sus hermanos de la comunidad. Conforme se acercaba el día del alumbramiento, la mujer se sumía en una tristeza profunda, deseaba con fervor que su bebé fuera blanco como su padre.

Un día alguien tocó a su puerta, ella abrió y frente a sí encontró a un hombre negro que vestía ropas muy pobres y rotas. Él le pidió ayuda, quería un poco de comida y un lugar donde pasar la noche para poder continuar su camino al día siguiente. La dueña de la casa lo invitó a pasar, le convidó de su comida y le dio una manta con la cual cubrirse del frío.

Al día siguiente, cuando apenas había salido el sol, el hombre se apareció en el cuarto donde la señora aún dormía, con mucho cuidado colocó su mano derecha sobre el vientre hinchado y al instante ella despertó y quedó muy asombrada. Frente a sí no estaba el hombre andrajoso y hambriento que recibiera la noche anterior, sino un fraile dominico que la miraba con ternura, a la vez que le decía:

"Mujer, desde este momento no debes preocuparte más por el color de tu hijo, el color que ya tiene es el que le ha dado nuestro Padre eterno, y no es conveniente pensar que nosotros, pobres pecadores, podamos hacer nuestra propia voluntad, ya que ésta sólo le pertenece al Padre eterno."

Conforme las palabras salían de su boca, San Martín de Porres fue desapareciendo; al terminar de hablar ya no quedaba rastro de su presencia. La mujer se asustó tanto que sólo atinó a refugiarse entre las paredes de la iglesia para rezar con humildad. Al entrar al lugar se encontró con el altar donde se levantaba la imagen de un fraile negro, que al pie decía: San Martín de Porres. Y en ese momento comenzó a dar a luz.

Su hijo nació en lugar santo y su color fue blanco, tan blanco como su padre. La madre del pequeño levantó la vista hacia el cielo y con lágrimas en los ojos agradeció a Fray Escoba el milagro concedido.

Oración para pedir el favor de San Martín de Porres

¡Oh glorioso San Martín de Porres!
Con el alma inundada de serena confianza, te invocamos. Recordando tu inflamada caridad bienhechora de todas las categorías sociales.
A Ti dulce y humilde de corazón te presentamos nuestros deseos.

Derrama sobre las familias los suaves dones de tu intercesión solícita y generosa.

Abre a los pueblos de toda extirpe y de todo color el camino de la unidad y de la justicia.

Pide al Padre que está en los cielos, la venida de su reino, para que la humanidad en recíproca benevolencia, fundamentada en la hermandad por Cristo, aumente los frutos de la gracia y merezca el premio de la gloria.

Amén. ✝

San Miguel Arcángel

Festividad: 29 de septiembre

El arcángel San Miguel es el jefe de las milicias celestes, por eso no pudo haber sido de otra forma, sino el joven ario guapo, imberbe, que blande su espada de fuego en contra de los demonios y recarga su pierna izquierda sobre el abatido Luzbel. San Miguel, tiene en la tierra muchos devotos, pues es el que nos protege del ejército comandado por Luzbel que no termina por aceptar su derrota, a pesar de que pierde cada batalla que inicia.

Testimonio de los milagros otorgados por San Miguel Arcángel

Miguel Domínguez era un joven de 24 años, que recientemente había obtenido su título universitario. Él quería ejercer su carrera de ingeniero agrónomo para ayudar a las comunidades más pobres y desprotegidas de nuestro país. Así que con gusto viajó hacia la selva chiapaneca cuando ahí fue destinado a ejercer su profesión. Iniciaba la década de los 70 cuando Miguel abordó la avioneta que lo llevaría a Lacanhá-Chansayab.

En ese entonces las vías de comunicación no eran tantas como las que existen actualmente, y Miguel tenía que trasladarse de un pueblo a otro en avioneta, cosa que hacía con bastante frecuencia, pues había muchas comunidades que necesitaban de sus conocimiento. Por eso el joven fue conocido rápidamente por los pilotos de las naves, que hasta le enseñaban a volar.

Nunca había ocupado el asiento ni tenía idea de lo que sentían los pilotos al maniobrar una nave de esas en el aire. Por lo general, Miguel era el único pasajero y completaban el cupo del aparato con sacos de café, maíz o algún otro alimento. Pero ese día, antes de volar hacia su destino, la legendaria ciudad de Palenque, se detuvieron a recoger a un sacerdote.

El piloto y Miguel ocupaban los asientos del frente; el cura iba atrás de Miguel y en los tres asientos restantes descansaban algunos sacos de café y bultos con dulce de piloncillo. Se habían elevado de una aeropista por el Río Usumacinta, frontera con Guatemala y enfilaron hacia Hueyzacatlán-Jovel, hoy San Cristóbal las Casas.

Hacía muy buen tiempo, pues la neblina que reflejaba el concéntrico iris estaba desapareciendo. Se esperaba un apacible vuelo. Mientras el clérigo leía, totalmente concentrado, su breviario, Miguel dejó a un lado el libro que llevaba y se acomodó para dormir como acostumbraba hacerlo cuando le esperaba una larga jornada de trabajo. Empezaba a dormir cuando el joven agrónomo sintió el peso de un cuerpo sobre su hombro izquierdo, con los ojos aún cerrados, lo empujó y se reacomodó, pero el cuerpo cayó nuevamente sobre él. Abrió muy bien los ojos y miró que el piloto dormía, también verificó que el piloto automático estuviera puesto en marcha, por lo que quedó tranquilo, pues era frecuente que el piloto se tomara un tiempo de descanso estando en el aire.

Pero el religioso, sobresaltado, insistió en despertar al piloto. Lo intentaron, pero el hombre no daba señales de conciencia, al parecer se había desmayado, pero no se sentía su respiración y su pulso se había detenido. Lo siguiente fue comunicarse al aeropuerto de Tuxtla Gutiérrez, informando de la situación tan difícil en la que se encontraban al estar en pleno vuelo hacia San Cristóbal de las Casas.

Miguel, más sereno y dejando a un lado el pánico que lo estaba envolviendo, trató de prestarle auxilio al piloto, pero fue en vano. Las condiciones eran muy difíciles pues tenía que mantener estable la avioneta. A través de la radio, los técnicos del aeropuerto dieron las indicaciones necesarias a Miguel para que continuara el vuelo hasta que pudiera aterrizar.

Algo que debían considerar de manera muy importante era que la pista de San Cristóbal estaba en condiciones deprimentes, pues la rodeaban altos cerros. Además, era frecuente que estuviera nublado, lo que empeoraba la situación si llovía. No obstante había que clavarse con precisión en el claro que mejor se prestaba para el aterrizaje.

Había llegado el momento de que Miguel ocupara el lugar del piloto, así es que tendrían que moverlo con sumo cuidado para no alterar las órdenes de vuelo ejecutadas por el piloto automático. Mientras esto sucedía, el sacerdote preguntó a Miguel su nombre, al saberlo respondió aliviado: "Miguel, como San Miguel Arcángel. Hijo, la Divina Providencia está de nuestro lado, oremos a San Miguel Arcángel, para que nos proteja. Que si hemos de vivir él lo sabe y nos ayudará. Que si hemos de morir, el Señor se apiade de nuestra alma." El padre comenzó a orar en voz alta y Miguel repetía cada frase. La angustia dio paso al fervor con que ambos hombres maniobraban en un lugar tan estrecho como aquel.

Los minutos pasaron con gran rapidez, a través de la radio el clérigo y Miguel escucharon que los seguían en sus rezos. Y sucedió el milagro, como si despertara de un sueño profundo, el piloto se levantó sin rastros de dolor ni queja, sacudió la cabeza y miró extrañado a sus pasajeros. Inmediatamente ocupó su lugar se reportó a Tuxtla, confirmó su rumbo y con una amplia sonrisa dijo: "Dios está de nuestra parte."

El cura, complacido dijo a Miguel que su protector, San Miguel Arcángel los había protegido, que con su espada de fuego había ahuyentado a las huestes de

Luzbel. Miguel también lo creyó así y al llegar a San Cristóbal se dirigió al templo a ofrendar un ramo de flores al Arcángel para agradecerle el favor concedido.

Oración para pedir favor de San Miguel Arcángel

San Miguel Arcángel, defiéndenos en la lucha; se nuestro amparo contra la perversidad y las asechanzas del demonio. Que Dios manifieste sobre él su poder, es nuestra humilde súplica. Y tú, Principe de la milicia celestial con la fuerza que Dios te ha conferido, arroja al infierno a Satanás y a los demás espíritus malignos que vagan por el mundo para la perdición de las almas.

Amén. †

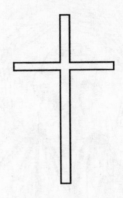

San Nicolás
de Tolentino

Festividad: 10 de septiembre

Nicolás nació en Sant'Angelo, una pequeña población vecina a Fermo, en la Marca de Ancona, en el año 1245. Su padre y su madre formaron un matrimonio feliz durante muchos años, pero cuando ambos pasaron de la edad madura, se entristecieron al ver que se aproximaban a la vejez y no habían tenido hijos. Ambos pidieron fervorosamente al cielo que les concediera esa bendición e hicieron peregrinaciones al santuario de San Nicolás de Bari, donde la esposa que se creía estéril, pidió con todo su corazón y toda su fe a Dios que le hiciese el milagro de darle un hijo para tener la ventura de consagrarlo a su servicio.

A su debido tiempo, vino al mundo una criatura que en la pila bautismal recibió el nombre de su patrono, Nicolás. Era un niño todavía cuando emprendía largas caminatas para entregarse a la oración en una cueva cercana a la ciudad de Sant'Angelo, para imitar a los ermitaños que, por aquel entonces, moraban en los Apeninos. En la actualidad, las gentes devotas van a orar en la misma cueva para honrar a San Nicolás de Tolentino.

A edad muy temprana recibió las órdenes menores y se le otorgó una canonjía en la iglesia colegiata de

San Salvador en Sant'Angelo, y no faltaban los que estaban dispuestos a valerse de sus influencias para promoverle en las filas del clero secular. Sin embargo, Nicolás aspiraba a un estado que le permitiera consagrar todo su tiempo, sus pensamientos y sus deseos a Dios directamente.

Y sucedió que un día entró Nicolás en la iglesia de los agustinos y oyó predicar a uno de los frailes sobre el tema: "No améis al mundo ni las cosas que están en el mundo... El mundo pasará." Aquel sermón motivó la resolución absoluta de Nicolás de unirse a la orden religiosa a la que pertenecía el predicador. Y eso fue lo que hizo tan pronto como alcanzó la edad en que podían admitirlo los frailes agustinos de Sant'Angelo. Hizo su noviciado bajo la dirección del propio predicador, el padre Reginaldo y, poco antes de cumplir los dieciocho años, hizo su profesión.

Fray Nicolás fue enviado a San Ginesio para sus estudios de teología y ahí se le encomendó la tarea de distribuir diariamente, a las puertas del monasterio, las provisiones de los pobres. El joven las regaló con tanta largueza que el procurador fue a quejarse y a denunciarlo ante el prior. Mientras Nicolás realizaba aquella tarea caritativa, se registró su primer milagro cuando puso la mano sobre la cabeza de un niño enfermo y le dijo: "El buen Dios te curará." Ahí mismo y al momento, quedó curado el niño.

Alrededor del año 1270, fue ordenado sacerdote en Cignoli y en aquella ciudad llegó pronto a ser famoso entre la población por las muchas maravillas que obraba, sobre todo por haber devuelto la vista a una mujer ciega, con las mismas palabras con que curó al niño ya mencionado. Sin embargo, no permaneció ahí por mucho tiempo ya que, durante cuatro años, estuvo en continuo movimiento entre uno y otro de los monasterios y misiones de su orden. Durante un periodo no muy largo, fue maestro de novicios en San Elpidio, donde había una numerosa comunidad en la que figuraban dos frailes que los agustinos veneran como beatos: Angelo de Furcio y Angelo de Foligno.

Cuando visitaba a un pariente que era prior en un monasterio vecino a Fermo, fue invitado a quedarse y se sintió tentado a hacerlo porque aquel convento era muy hermoso, confortable y bien previsto, en comparación con la dura pobreza de las casas de los frailes a las que estaba acostumbrado. Pero mientras oraba en la capilla, le pareció oír una voz que le aconsejaba: "A Tolentino, a Tolentino... Allá persevera..." Pocos días más tarde, sus superiores le enviaron a Tolentino y ahí se quedó durante treinta años, hasta que murió.

La ciudad de Tolentino había sufrido grandemente en la lucha entre güelfos y gibelinos, y los acostumbrados efectos de discordias, salvaje fanatismo, división y prosperidad para el crimen y el mal, que traen consigo las guerras civiles, se habían apoderado de la población a tal extremo, que era urgente emprender una campaña de moralización y de prédica callejera que reformara las costumbres. A ese trabajo se entregó San Nicolás en cuerpo y alma. Inmediatamente obtuvo un éxito rotundo y clamoroso. "Hablaba de las cosas del cielo", nos dice San Antonino. "Predicaba con dulzura la divina palabra, pero las frases que salían de sus labios penetraban en los corazones y parecían quedar grabadas a fuego en ello. Cuando los superiores le ordenaron que difundiera en público al Evangelio, no hizo el menor intento de mostrar sus conocimientos o de hacer gala de su habilidad de orador, sino que sencillamente glorificó a Dios. En los ojos de quienes le escuchaban podían verse las lágrimas y se oían los suspiros de las gentes que comenzaban a sentir el dolor de haber pecado y se arrepentían de su vida pasada."

Los sermones de Nicolás despertaban la oposición de los que no querían escucharlos, y cierto caballero de la ciudad que llevaba una vida de escándalo y hacía ostentación de sus pecados recurrió a los medios para hacer callar al fraile y expulsarlo de Tolentino. Nicolás no se dejó intimidar y su perseverancia acabó por impresionar a su perseguidor. Cierto día, el caballero y algunos de sus amigos se propusieron molestar al santo que predicaba. Vociferaron y peroraron en la calle, frente a la iglesia, incluso llegaron a fingir que sostenían un encuentro de esgrima a la puerta del templo con la finalidad de que la gente no entrase. A pesar de todo, Nicolás comenzó a predicar y, en un momento dado, el caballero envainó su espada, hizo signos para que los demás guardasen silencio y se puso a escuchar el sermón. Al fin, fue a pedir disculpas al predicador, confesó que se había sentido tocado en el corazón y, desde entonces, comenzó a reformar su vida.

La conversión del escandaloso caballero produjo mucha impresión en la ciudad, y muy pronto Nicolás tuvo que pasar días enteros en el confesionario. A diario recorría los barrios pobres de Tolentino para consolar a los moribundos, visitar, atender, y algunas veces, curar milagrosamente a los enfermos. Para vigilar la conducta de los niños, llamar a los pecadores, arreglar querellas y allanar diferencias. Durante el proceso de canonización, una mujer dio testimonio de que Nicolás había transformado radicalmente a su esposo quien durante muchos años la había tratado con salvaje brutalidad. Otro testigo dio pruebas de tres milagros realizados por el santo en otros tantos miembros de su familia. "No digan nada a nadie", era la acostumbrada recomendación de Nicolás después de aquellos sucedidos maravillosos. "Dad gracias a Dios y no a mí. Yo no soy más que un poco de tierra, un pobre pecador."

Testimonio de los milagros otorgados por San Nicolás de Tolentino

Jordán de Sajonia, el fraile agustino, cuenta que un hombre cayó en la emboscada que le tendieron sus enemigos en un lugar solitario de Mont'Ortona, cerca de Padua, le apresaron y, sin prestar oídos a sus ruegos en nombre de Dios y de San Nicolás de Bari para que tuvieran misericordia de él, o por lo menos le trajesen un sacerdote para que le confesara, lo mataron a puñaladas y arrojaron su cadáver al lago. Una semana después, un misterioso monje con el hábito de los agustinos encontró el cuerpo del ahogado, lo resucitó y lo devolvió vivo, sano y salvo a su familia. Inmediatamente el hombre pidió a un sacerdote, recibió los últimos sacramentos y luego declaró que, gracias a su apelación a San Nicolás, se le permitió volver a la vida para confesarse y comulgar y entonces murió de nuevo. Al instante, su carne se desintegró y sólo quedó su esqueleto para que fuera cristianamente sepultado.

Muchas de las maravillas que se atribuyen a la intercesión de San Nicolás se relacionan con el pan que, el día de su fiesta, bendicen los frailes de su orden. En los últimos años de su vida, cuando estaba enfermo y débil, sus superiores le instaban para que comiese carne y otros alimentos que le fortalecieran;

el santo debió luchar entre la obligación de obedecer y su propósito de no ceder a los deseos de su cuerpo. Cierta noche le pareció que la Virgen María le hablaba para recomendarle que pidiese un pedazo de pan remojado en agua y lo comiese para recuperar la salud. Así sucedió y, desde entonces, San Nicolás acostumbraba, como señal de agradecimiento, bendecir trozos de pan y darlos a los enfermos. Ese fue el origen de la costumbre de los agustinos.

La última enfermedad de San Nicolás duró casi un año y, en los días postreros de su existencia, sólo pudo levantarse del lecho una vez para absolver a un penitente que habría ocultado una gravísima culpa a cualquier otro sacerdote que no fuese él. La muerte le sobrevino rápidamente el 10 de septiembre de 1305. Sus últimas palabras a los frailes congregados en torno suyo fueron éstas: "Mis amados hermanos; mi conciencia no me reprocha nada; pero no por eso me siento justificado." Inmediatamente después de su muerte, se formó una comisión para coleccionar pruebas sobre sus heroicas virtudes y sus milagros, pero intervino el suceso del traslado de los Papas a Aviñón, y la canonización no se decretó hasta 1446.

Oración para pedir el favor de San Nicolás de Tolentino

Protector nuestro, que miras desde el cielo nuestras necesidades, nuestros peligros, nuestras congojas, alcánzanos, oh compasivo Padre, que llevando una vida santa, como tú la llevaste, vayamos un día a cantar contigo las eternas alabanzas.

Te pedimos en particular el remedio de la necesidad que te hemos encomendado en esta oración, si es conforme a la divina voluntad.

Amén. ✝

San Pafnucio Abad

Festividad: 24 de septiembre

San Pafnucio Abad es un santo no muy conocido. Pero esto no impidió que una mujer se acercara al templo de Santa Inés en el centro de la ciudad de México para pedirle su ayuda, pues vivía con la angustia constante por un grave problema que la aquejaba. Ella sabía que San Pafnucio Abad era el abogado para la conversión de los pecadores y para encontrar las cosas perdidas, por esa razón sería su mejor intercesor ante el Creador.

Testimonio de los milagros otorgados por San Pafnucio Abad

Todo sucedió en la oficina austera de un juzgado en donde trabajaba Lucía. Había llegado el día de despachar aquel asunto tan delicado para todos los que trabajaban en este lugar, aunque la responsable de que todo se llevara a buen efecto era precisamente Lucía, la secretaria.

Se trataba de depositar varios documentos que en su totalidad sumaban millones de pesos, pero grande fue la sorpresa y preocupación de la secretaria, Lucía, cuando al abrir el expediente no había ni uno solo de los documentos. Entonces se dedicó a buscarlos y a revisar expediente por expediente, cajón por cajón, recordar cada itinerario, cada transacción, cada cliente. Pasaron los días y el juez, primero con paciencia, pero con firmeza pedía los documentos; después el fantasma de la desconfianza comenzó a aparecer.

Todos los empleados, incluyendo al juez, participaron en la búsqueda de tan importantes papeles. A todos se les cuestionó y de cada uno de ellos comenzó a sospechar pues ninguno tenía acceso al archivo, salvo la honorable y estimada Lucía, que durante décadas había desempeñado eficientemente y con honradez su trabajo en ese mismo lugar.

Los más extraño de este extravío era que dichos documentos no eran negociables, por lo que sólo podían ser depositados para beneficio de los suscritos. Sin embargo, no quedaba descartada la posibilidad de que alguien más pudiera beneficiarse con la pérdida. No sólo estaba de por medio el valor monetario del archivo, sino lo que realmente importaba a Lucía en ese momento, era la desconfianza que comenzaba a generarse en torno suyo.

Lucía perdió la tranquilidad de haber cumplido sus responsabilidades con buen humor y dedicación; no más sonrisas complacidas durante el día, no más sueño plácido. Se tornó irascible, susceptible, huraña, esquiva con sus compañeros de la oficina y con su familia. En su casa, todos compartían su preocupación, y hasta ellos mismos comenzaron a dudar de los propósitos de la secretaria.

Era como si el mundo se le cayera encima y su moral se desmoronara sin motivo alguno. Tantos años apegada al rigor de una ética aprendida de sus padres para fundar en ella un prestigio y honorabilidad se desvanecían sin que al parecer pudiera ella hacer algo para salvarse.

Las lágrimas comenzaron a aparecer en su rostro, pero la secretaria no deseaba que nadie la viera en ese estado. Salió de la oficina y caminó por las calles del centro de la ciudad sin rumbo fijo hasta que recordó las palabras de su madre: "Ve a pedirle a San Pafnucio que abogue por ti, sólo él puede ayudarte. Muéstrate humilde, tanto como él lo fue con todos aquellos que lo rodearon, y rézale. "Anda, hija, ve, que él se apiadará de ti."

Al día siguiente, muy temprano, Lucía regresó a la iglesia, dejó una ofrenda de flores y una veladora a San Pafnucio y rezó durante un largo rato, hasta que tuvo que regresar a trabajar. Cuando entró a la oficina sintió que reinaba un ambiente de tranquilidad. Todos la saludaron en forma muy cortés y sonriente. Al verla entrar, el juez la mandó llamar.

Se disculpó en nombre de todos los empleados por haber dudado de ella y le platicó que los documentos habían aparecido. Todos los buscaron, pero nadie los había visto, todo el tiempo estuvieron encima del escritorio del juez.

Oración para pedir el favor de San Pafnucio Abad

San Pafnucio, que sacaste a Santa Thais del camino de la perdición y la pusiste en el de la salud, intercede con Nuestro Señor para que halle lo que busco.

Amén. ✝

San Ramón Nonato

Festividad: 31 de agosto

Cuenta la leyenda que el pequeño Ramón recibió la gracia de Dios desde que se encontraba en el vientre de su madre. Por eso, después de que ella murió sin haber dado a luz, los hombres que acudieron a su llamado de auxilio antes de morir pudieron extraer a un pequeño aún con vida. Precisamente por haber vivido dentro del vientre de su madre ya fallecida, San Ramón Nonato es el santo patrono de las mujeres embarazadas, quienes lo llaman para que proteja a sus pequeñas crías.

Testimonio de los milagros otorgados por San Ramón Nonato

En una región agreste de la provincia mexicana un hombre tomó su hacha y se fue al monte a cortar leña. Ya luego la llevaría en mula hasta el pueblo para venderla como combustible y comprar lo necesario para llevarlo a casa. En ella le esperaba su mujer encinta de nueve meses, que había tenido que permanecer la mayor parte de su embarazo en cama, debido a los intensos dolores que padecía. Lo importante, le había dicho la curandera, era cuidarse para que la criatura se lograra y naciera sana.

El esposo amaba a su mujer y no hacía más que prodigarle cuidados, ella, en agradecimiento, no se quejaba y trataba de cumplir con sus deberes más elementales. Por eso, no le importó sentirse mareada ese día y preparar la comida, pues su esposo, después de la larga jornada llegaría hambriento y cansado. Lo que podía ofrecerle era una sopa, sus frijoles y sus tortillas.

Pero no había agua, así que salió de su humilde choza y se dirigió al río. Una tormenta amenazaba desatarse y los fuertes vientos desviaban a la mujer de su camino hasta que la derrumbaron. Un fuerte dolor le impidió levantarse y regresar a su casa. Entre gritos llamó a San Ramón Nonato y le pidió intercediera por la vida de su pequeño, era el primero y lo habían procreado con mucho amor y esperanza en ayudarlo a ser un hombre de bien, que pudiera servir al Señor.

Al otro lado del monte el hombre miró hacia el cielo y lo vio oscurecerse. Un temblor se apoderó de su cuerpo y a lo lejos escuchó la voz de un hombre que le decía: "Corre a ver a tu mujer. Corre que te necesita." Sin pensarlo dejó todo y corrió hasta su casa, al verla vacía se asustó tanto que comenzó a gritarle a su esposa. Ella se encontraba tirada tratando de controlar su dolor y de conservar la calma, pero se desmayó y no pudo responder a su marido. Éste, desesperado, dijo: "San Ramón Nonato bendito, guíame en tu camino, intercede por nosotros y dime dónde están mi mujer y mi hijo." Al instante, el hombre vio encenderse una luz en un lugar del camino, justo en donde se encontraba su mujer desmayada. Como pudo la llevó hasta su casa y fue por la curandera. Pocas horas después cargaba en sus brazos a su primer hijo, a quien en agradecimiento al Santo que le ayudó le puso por nombre Ramón.

Oración para pedir el favor de San Ramón Nonato

Oh Dios, te suplico, por tu gran piedad, oigas a tu sierva afligida que te llama; y por los méritos de San Ramón Nonato, cuyo nacimiento fue milagroso, me favorezcas en este parto; y yo te ofrezco ser tu humilde esclava y obrar siempre lo que te es grato.

P.N.S.J. AMEN. †

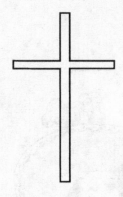

Santo Niño
de Atocha

Festividad: Jueves de Corpus

El Santo Niño de Atocha que se encuentra en su templo de Plateros, Zacatecas, llegó de la Ermita de Atocha, de Madrid, España, allá por el siglo XVIII. Ya en Plateros el Santo Niño empezó a hacer milagros, uno de ellos fue precisamente al manifestar su don de la ubicuidad. En verdad existen testimonios que atestiguan haberlo visto en diferentes y lejanos lugares al mismo tiempo, su tarea de llevar milagros a los necesitados no tenía fin, el Santo Niño de Atocha acudía a donde se le invocaba.

Pronto fueron tantos sus milagros que hubo necesidad de construir en la iglesia un salón exclusivo para su adoración, al poco tiempo éste se llenó de retablos más un cuarto que se ha llenado de muletas, bastones, cuellos, coronas de novias y un sinnúmero de reconocimientos escritos y fotográficos a manera de agradecimiento por su ayuda. La imagen del Santo Niño de Atocha es la de un niño vivaz, cuya posición de sus labios da la impresión de que nos quiere hablar.

La historia de este pequeño enviado de nuestro Señor Padre, da constancia de que en el año de 1566 el pueblo de Plateros de la provincia mexicana era sólo un paisaje que mostraba un hermoso manantial con un fresno muy cercano. En ese paraje fue encontrada una rica mina a la que este pueblo debe su nombre, cerca de ella construyeron la estación de ferrocarriles y hoy ese humilde poblado se convirtió en la moderna población de Fresnillo, Zacatecas.

Por el año de 1946, época del acontecimiento que en un momento le relataremos, los alrededores de Plateros formaban un panorama más desértico que cuando se fundó. Pocos huizaches, vegetación pobre por ser un lugar rico en su subsuelo, del mineral conocido como argentífero. La distancia de la estación del ferrocarril de Fresnillo a Zacatecas y luego a Plateros es más corta ahora por los medios de transporte que se han desarrollado.

Parecería que este camino se hace de hule, pues se alarga tanto como la esperanza de un longevo, cuando de recorrerla a media noche se trata. Así lo pudo comprobar el oferente que presuroso corría al Santuario de Plateros a pagar la manda que hacía tiempo no había podido cumplir. Había postergado su viaje hasta la Semana Mayor, precisamente cuando el transporte, de por sí deficiente, se dificultaba todavía más por la gran demanda que tienen los vehículos.

Su tiempo, entonces, era apenas el indispensable para poder regresar a tiempo a su trabajo. Pero tuvo que cruzar la sierra en un camión de carga—para después abordar el tren que lo llevaría a su destino final—que recorría caminos polvosos en las temporadas de secas y lodosos con el peligro de quedar atascados durante el tiempo de las aguas. Con semejante geografía no podía ser de otra forma: cada viaje era un aventura.

Su familia desconocía la existencia de semejante compromiso con el santo y no alcanzaban a entender el motivo de la premura por el viaje. El hombre ya le debía muchos favores al Santo Niño de Atocha, como cuando los cristeros visitaron el campamento donde vivía con su familia, y se llevaron armas, caballos, monturas y a los hombres aptos para la guerra, de todo esto él salió airoso, luego de haberse encomendado al Niño. También cuando él y su hijo mayor sufrieron un aparatoso accidente en la carretera y el camión donde iban quedó destrozado, ellos salvaron la vida. Además está la vez que lo quisieron matar...

El hecho era que debía la manda y había llegado la hora de cumplirle al Santo de Plateros. Se puso en camino con toda la familia a su lado y llegó a Plateros, eran las tres de la mañana y el templo estaba cerrado.

Tocaron la enorme puerta, nadie les contestó. Golpearon con fuerza la puerta y buscaron cuanto medio creyeron adecuado para despertar al cura, al sacristán o a quien pudiera abrir para poder pasar a dejar su ofrenda de dinero en efectivo reunido con sacrificios. También querían orar y demostrarle al Niño de Plateros todo su agradecimiento.

Pero no escuchaban ni un ruido. La duda respecto a lo que deberían hacer los dominó, pues no podían esperar a entrar al templo al día siguiente, pues esto los retrasaría y no llegarían a su trabajo el lunes de pascua. Decidieron que dejarían el dinero destinado a la ofrenda debajo de la puerta y en ese mismo momento rezaron con devoción.

Había llegado el momento de irse. Echaron una mirada a la puerta cerrada que les había impedido cumplir con su manda y fue cuando vieron que ya estaba abierta; hacia el interior, el templo se mostraba iluminado en todo su esplendor. Admirados el cambio, ingresaron a orar y a buscar personas de responsabilidad a quién entregar la ofrenda en efectivo, pero nadie apareció.

Llamaron primero en voz baja, luego más fuerte, hasta terminar en gritos, pero nadie acudió. Recorrieron el salón de retablos, el cuarto de las demás evidencias de hechos portentosos, pero no encontraron ningún ser viviente aparte de ellos. El jefe de la familia depositó su ofrenda en el lugar adecuado e hizo sus oraciones de acción de gracias ante la imagen del Santo Niño, que lo miraba complacido.

Testimonio de los milagros otorgados por el
Santo Niño de Atocha

Era un 29 de agosto de 1995. Se encontraba la familia en el Hospital Infantil del Centro Médico de Especialidades, en espera de que el personal médico les comunicara el estado de salud de la niña Ma. de Lourdes Canuto Téllez.

En ese momento, ella tenía tan solo 24 horas de haber nacido cuando tuvimos que internarla porque se encontraba al borde de la muerte.

La recién nacida tenía un tumor en la columna vertebral. Los médicos nos dijeron que no tenía cura, que irremediablemente iba a morir.

Mi amor y angustia por mi nietecita y ante tal hecho, le imploré al Santo Niño de Atocha, *que si era de aquí me la dejara y si no, que se la llevara.*

Hoy que relato este milagro, me hace recordar con alegría que no estamos solos en este mundo. Que siempre debemos tener fe y orar a nuestro Santo con devoción.

Josefina Silva de Canuto

Oración para pedir el favor del Santo Niño de Atocha

Sapientísimo Niño de Atocha, general protector de todos los hombres, general amparo de desvalidos, médico divino de cualquier enfermedad. Poderosísimo Niño; yo te saludo, yo te alabo en este día y te ofrezco estos tres Padre Nuestro y Ave Marías con Gloria Patri, en memoria de aquella jornada que hiciste encarnado en las purísimas entrañas de tu amabilísima Madre, desde aquella ciudad santa de Jerusalén hasta llegar a Belén. Por cuyos recuerdos que hago en este día te pido me concedas lo que te suplico, para lo cual interpongo estos méritos y los acompaño con los del coro de los Querubines y Serafines, que están adornados de perfectísima sabiduría, por los cuales espero, preciosísimo Niño de Atocha, feliz despacho en lo que te ruego y pretendo, y estoy cierto que no saldré desconsolado de ti, y lograré una buena muerte, para llegar a acompañarte en Belén de la Gloria.

Amén. ✝

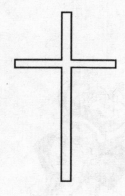

Santo Niño
de la Salud

Festividad: 21 de abril

El origen del Niño de la Salud se remonta al año de 1939 en Morelia, Michoacán, cuando una joven recibió como regalo de parte de su madrina una escultura del Niño Jesús. Y fue en esta misma casa donde se produjo el primer milagro: uno de los miembros de la familia padecía un mal que lo había aquejado desde hacía mucho tiempo, sin tener esperanza de cura. Con la llegada de la imagen del Niño Jesús, él sanó.

En este hogar permaneció la imagen durante 18 años, en los cuales todo tipo de gente acudió para solicitarle el favor de la sanación para sus enfermos. Los testimonios de las personas que se vieron favorecidas, atestiguan que al poco tiempo de solicitado el milagro, los enfermos habían sanado. Muchos de ellos eran casos que la ciencia médica había deshauciado.

El 21 de abril de 1942, la gente decidió llamar a esta imagen "Santo Niño de la Salud", por los repetidos milagros y favores que la población recibía de Él. Se cuenta que después de haberse visto favorecida de manera especial, una religiosa escribió la Novena, el Triduo, la Visita y otras oraciones que fueron aprobadas por el señor Arzobispo de Michoacán.

Años más tarde el R.P. Ralph Thyken, radicado en la ciudad de Chicago, en Estados Unidos y director general de las Misiones de Oriente, se interesó por la devoción que el pueblo mexicano le prodigaba al Santo Niño de la Salud y habló con el Arzobispo Altamirano y Bulnes, para proponerle se construyera un templo destinado al culto de este Niño en Morelia.

El monseñor José Sotelo fue el encargado de supervisar la construcción del templo. Mientras tanto, por disposición del Excmo. Señor, la imagen fue llevada con toda solemnidad al Templo del Carmen, el 15 de diciembre de 1957. Ese mismo día el Arzobispo bendijo la imagen. El templo se terminó de construir y fue bendecido por el Arzobispo el 23 de abril de 1961 y consagrado el 20 de abril de 1962.

La fiesta en honor del Santo Niño de la Salud es el último domingo del mes de abril, en Morelia, y a ella acuden infinidad de peregrinos de todas partes de la República, así como también del extranjero.

Testimonio de los milagros otorgados por el Santo Niño de la Salud

Mi hermano Joaquín tuvo un accidente en motocicleta hace cuatro años, cuando él tenía 23. La velocidad era su gran pasión, hasta que un mal día se estrelló contra un trailer. Como no llevaba casco, se lesionó gravemente la cabeza. Los médicos le diagnosticaron hemorragia cerebral y permaneció en estado de coma durante un mes. Nos dijeron que debíamos prepararnos para su muerte, la cual podía ocurrir en cualquier momento. Yo estaba muy desconsolada, pero mi madre es muy devota del Santo Niño de la Salud y a él se encomendó. Fue a verlo y le prometió un milagrito de oro si su querido hijo sanaba.

Dos días después de esto, mi hermano comenzó a reaccionar. Primero abrió los ojos, días después habló, y poco a poco se movía, hasta recuperarse por completo. Los médicos estaban sorprendidos, pero mi madre, no. Mandó hacer un milagrito muy hermoso, con un joyero, amigo de la familia y se lo llevó al Santo Niño de la Salud.

Oración para pedir el favor de El Santo Niño de la Salud

¡Oh Niño Jesús de la Salud!
Creo en la bondad infinita de
tu Corazón. Remedia esta necesidad
en que me encuentro.
Remedia esta pena que me agobia.

¡Oh amabilísimo Niño Jesús!, que dijiste:
"Pedid y recibiréis"; dígnate escuchar
benignamente la súplica que te hago en
esta necesidad y concédeme
favorablemente la gracia que solicito, si
es para mayor gloria tuya y bien de mi
alma.
Así sea. ✝

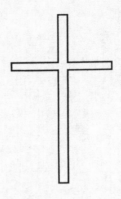

Santo Niño
de las Suertes

Festividad: 2° domingo de enero

orrían los primeros años del siglo XIX. Dos misioneros caminaban distraídos rumbo al pueblo de Tlalpan, muy cerca de la ciudad de México, cuando escucharon el llanto lejano de un niño. No acertaban a darse cuenta del lugar donde provenía el sonido, pues por ese rumbo no había casa alguna. Pero continuaron su camino, sin dudar que el cielo les deparaba algún misterio, así como su guía para descubrirlo.

Conforme avanzaban alertas a lo que acontecía, el llanto se hacía cada vez más fuerte. Cuál sería su sorpresa al encontrar en medio de ese paraje solitario a un bebé desnudo de escasos meses. Lo tomaron con cuidado entre sus brazos y lo arroparon con amoroso cuidado, pero en forma casi inmediata el infante se convirtió en un niño de pasta. Al mismo tiempo brotó un manantial de agua cristalina, que desde entonces se llama el Ojo del Niño, éste todavía existe en la hacienda de San Juan de Dios.

Los religiosos miraron con gran devoción la pequeña estatua que, además, recargaba su cabeza sobre una calavera a manera de almohada. En ese momento decidieron regresar a la Catedral de la ciudad de México, para mostrarle al arzobispo Don

Francisco de Lizana Beaumont, esta maravilla y platicarle lo sucedido. El arzobispo quedó mudo por un momento, no atinaba a exclamar frase alguna. Una vez repuesto de semejante impresión clamó hacia el cielo: "¡Oh misericordia de Dios!, de cuántas formas te muestras a los hombres y qué grande es tu bondad; puestas unidas la naturaleza divina con la humana, el creador con la criatura, y por medio de la gracia has vencido el pecado."

La primera intención del arzobispo Lizana Beaumont fue donar esta imagen del pequeño a las hermanas del convento de la Purísima Concepción. Sin embargo, una vez hubo consultado con el Cabildo acordaron rifarlo de tal manera que el mismo niño decidiera en cuál convento quería permanecer. Los nombres de todos los conventos del país quedaron registrados y se procedió a la rifa.

Tocó en suerte al de San Bernardo, pero creyeron que no era el más adecuado por las condiciones tan precarias por las que atravesaba. Repitieron el sorteo y de nueva cuenta tocó al de San Bernardo, pero el prelado sabía de los escasos ingresos que apenas sostenían a la comunidad. Entonces ordenó que fuera sacada dicha cédula del ánfora para que no le volviera a tocar; pretendía que el niño pudiera estar en otro convento con menos limitaciones, pues él consideraba que esta manifestación de Nuestro Señor Jesucristo merecía tener un lugar elegante, cómodo y a la vez accesible para la gente que quisiera ir a venerarlo.

Una vez más se dio paso a la rifa, pero la sorpresa sería mayúscula para todos los presentes cuando al mostrar el nombre del lugar en donde estaría el Santo Niño, nuevamente salió San Bernardo. Hubo una gran consternación, pues su nombre estaba fuera de la urna, al mirarlo impreso en la cédula quedaron aún más sorprendidos por la manera como brillaban sus letras, ahora doradas como el sol.

No había duda, el Santo Niño quería permanecer en esta comunidad, por lo que el Arzobispo tomó la decisión de proveer al convento de San Bernardo de todo lo necesario para que al niño lo pudieran venerar con todas las comodidades posibles. Fue así como el prelado mandó al niño a su nueva morada.

Las religiosas recibieron llenas de gratitud este tesoro como un don del cielo y desde entonces han cuidado de la imagen del Niño de las Suertes. Se le conoce con este nombre, pues ha regalado suerte a las personas que así se lo han pedido. Para ganarse la gracia del niño, hay quienes le cambian sus ropas con devoción, otros se acogen a su cariño a través de sus rezos. En donde quiera que se encuentren el Santo Niño se halla dispuesto a ayudar a todo aquel que se lo solicite.

Testimonio de los milagros otorgados por el
Santo Niño de las suertes

En las inmediaciones de lo que hoy conocemos como las colonias Escandón y Tacubaya vivía Nicanor Jiménez junto con su madre, esposa y cinco hijos. A todos ellos tenía que alimentar conforme se lo permitiera la pequeña suma de sus precarios ingresos obtenidos como cargador en un mercado, mismos que reunía con las propinas que los clientes le dejaban.

Sucedió que uno de sus hijos más pequeños enfermó y fue atendido en un dispensario cercano, pero el médico a cargo le comunicó que el infante tenía que ser operado de manera urgente, pues presentaba un cuadro agudo de apendicitis. Esa operación no podía realizarse en ese lugar, sino que tendrían que trasladarlo a un hospital.

Por un minuto la preocupación de saber a su hijo enfermo impidieron a Nicanor tomar conciencia de las palabras del médico, pero al escuchar nuevamente las palabras del doctor lo hicieron recapacitar. Su angustia creció, aún sin saber la cantidad de dinero que le costaría esa operación, él sabía que no la tenía. Su precaria situación económica apenas y les daba para alimentarse.

Pensó que podría reunir el dinero pidiendo prestado a las personas con la que trabajaba de cargador, así que autorizó llevaran a su hijo al hospital y fuera operado. Pero fue inútil todo lo que hizo por conseguir el dinero, nadie le quiso prestar y con grandes esfuerzos reunió una mínima cantidad.

Caminaba como autómata por una de las calles cercanas al mercado, cuando de una accesoria escuchó gritar a unos hombres. En el lugar encontró a unos jornaleros que jugaban cartas, uno de ellos presumía llevar consigo una gran cantidad de dinero, que había ganado durante el juego.

Uno de ellos invitó a Nicanor a jugar, éste se negó casi a punto de llorar argumentando que necesitaba el poco dinero que llevaba; pero otro de los jugadores fue más insistente y le dijo que con suerte hasta ganaba más de lo que necesitaba. En un rincón de la accesoria Nicanor miró la imagen de un niño con su cabeza recargada en una calavera y preguntó quién era, "el Niño de las Suertes —le respondieron—. A él nos encomendamos para que nos ayude a ganar." Al oír estas palabras Nicanor se animó a jugar, pidió al Niño lo socorriera, pues lo haría por una causa noble.

Jugó y perdió la primera mano, pero continuó hasta que se quedó sin centavos, habían pasado más de tres horas. Salió del lugar aún más desesperado y caminó hasta que no pudo dar un paso más. Sin darse cuenta había llegado al hospital donde atendían a su hijo.

Éste ya había sido operado y se encontraba en recuperación.

Con todo el valor de que fue capaz se encaminó hacia la oficina administrativa para pedir lo esperaran hasta conseguir el dinero para pagar. Al llegar encontró a su esposa feliz, ella misma le informó que todo había sido pagado. Sorprendido, Nicanor le preguntó cómo habían sucedido las cosas. "Una mujer con un niño en brazos llegó hasta a mí para desearnos que Juanito saliera bien de la operación. También me dijo que no nos preocupáramos por el gasto, pues los socios del hospital decidieron que nada se debía", le respondió su mujer.

De inmediato quiso Nicanor agradecer la gentileza a sus autores, pero en todo el hospital no encontró a ninguno. En cambio, a través del cristal de la oficina del administrador, miró con agradecimiento y lágrimas en los ojos la imagen de un niño que de inmediato reconoció: El Santo Niño de las Suertes le había concedido el milagro.

Oración para pedir el favor del Santo Niño de las Suertes

*Primer día en honor
de su poder*

¡Jesús mío, ten misericordia de nosotros! Óyenos piadoso y concédenos lo que te pedimos, por los cuidados que te prodigó tu Santísima Madre.

*Segundo día en honor
de su sabiduría*

¡Qué dichoso me siento postrado aquí de hinojos! Vengo a verte, mi amado Niño, vengo a pedirte consuelo en mis dolores.

*Tercer día en honor de
su misericordia*

Levanto mis ojos hacia Ti y te veo dulce y risueño, convidándome a abrirte mi corazón, a contarte todas mis amarguras. ¿Me oyes querido Niño? El corazón me dice que sí. ✝

Los Santos Inocentes

Festividad: 28 de diciembre

Herodes, llamado "el Grande", gobernaba al pueblo judío, dominado por Roma, en la época en que nació Nuestro Señor Jesucristo. Herodes era idumeo, es decir, que no era un judío perteneciente a la casa de David o de Aarón, sino descendiente del pueblo al que Juan Hyrcan obligó a abrazar el judaísmo; si ocupaba el trono de Judea, era por un favor especial de la casa imperial de Roma. Por lo tanto, desde que oyó decir que ya habitaba en el mundo un ser "nacido como rey de los judíos" al que tres sabios magos del oriente habían venido a adorar, Herodes estuvo inquieto y vivió en el temor de perder su corona.

En consecuencia, convocó a los sacerdotes y escribas para preguntarles en qué lugar preciso debía nacer el esperado Mesías. La respuesta unánime fue: "En Belén de Judá." Más atemorizado que nunca, realizó toda clase de diligencias para encontrar a los magos que habían venido de oriente en busca del "rey" para rendirle homenaje. Una vez que encontró a los magos, los interrogó secretamente sobre sus conocimientos, los motivos de su viaje, sus esperanzas, hasta que por fin, les recomendó que fuesen a Belén y los despidió con estas palabras: "Id a descubrir todo lo que haya de cierto sobre ese niño. Cuando sepáis, dónde está, venid a decírmelo, a fin de que yo también pueda adorarle."

Pero los magos recibieron en sueños la advertencia de no informar a Herodes, de suerte que, tras haber adorado al Niño Jesús, hicieron un rodeo para regresar a oriente por otro camino. Al mismo tiempo, Dios, por medio de uno de sus ángeles, mandó a José que tomase a su esposa María y al Niño y que huyese con ellos a Egipto, "porque sucederá que Herodes buscará al Niño para destruirlo."

Entre tanto, Herodes, al verse burlado por los magos, se irritó sobremanera y mandó matar a todos los niños que había en Belén y sus contornos, menores de dos años conforme al tiempo de la aparición de la estrella, que había averiguado de los magos. Entonces se cumplió lo que predijo el profeta Jeremías cuando anunciaba: "En Ramá se oyeron las voces, muchos lamentos y alaridos. Es Raquel que llora a sus hijos, sin hallar consuelo, porque ya no existen."

La fiesta de los Santos Inocentes se ha observado en la Iglesia desde el siglo quinto. La Iglesia los venera como mártires que no sólo murieron por Cristo, sino en lugar de Cristo. San Agustín habla de ellos como de capullos destrozados por la tormenta de la persecución en el momento en que se abrían. Sin embargo, en la liturgia no se los trata como a mártires.

El color de las vestiduras sacerdotales para la misa de los Santos Inocentes, es el púrpura y no se canta el Gloria ni el Aleluya; pero en la octava y cuando la fiesta cae en domingo, se usan vestiduras rojas y se cantan, como de costumbre, el Gloria y el Aleluya. Antiguamente, en Inglaterra se llamaba a esta fiesta *Childermass* y San Beda compuso un extenso himno en honor de los Inocentes. Naturalmente que en Belén reciben una veneración especial; su fiesta es obligatoria y por las tardes todos los días del año, los frailes franciscanos y los niños del coro, visitan el altar de los Santos Inocentes.

Esta edición se imprimió en Octubre de 2008. Grupo Impresor
Mexicano. Av. Río Frío No. 35 México, D.F. 08510